璧山实验地方法院研究

1942—1945

张伟 著

知识产权出版社
全国百佳图书出版单位
—北京—

图书在版编目（CIP）数据

璧山实验地方法院研究：1942—1945/张伟著．—北京：知识产权出版社，2022.10
ISBN 978-7-5130-8396-6

Ⅰ.①璧… Ⅱ.①张… Ⅲ.①法院—研究—璧山—1942—1945 Ⅳ.①D926.22

中国版本图书馆 CIP 数据核字（2022）第 187000 号

策划编辑：庞从容	责任校对：王　岩
责任编辑：张琪惠	责任印制：孙婷婷
封面设计：乔智炜	

璧山实验地方法院研究（1942—1945）
张　伟　著

出版发行：知识产权出版社 有限责任公司	网　　址：http://www.ipph.cn
社　　址：北京市海淀区气象路 50 号院	邮　　编：100081
责编电话：010-82000860 转 8782	责编邮箱：963810650@qq.com
发行电话：010-82000860 转 8101/8102	发行传真：010-82000893/82005070/82000270
印　　刷：北京建宏印刷有限公司	经　　销：新华书店、各大网上书店及相关专业书店
开　　本：880mm×1230mm　1/32	印　　张：7.375
版　　次：2022 年 10 月第 1 版	印　　次：2022 年 10 月第 1 次印刷
字　　数：170 千字	定　　价：76.00 元
ISBN 978-7-5130-8396-6	

出版权专有　侵权必究
如有印装质量问题，本社负责调换。

本书系国家社科基金项目一般项目"抗日战争时期国民政府司法改革试验研究"(17BFX17)的研究成果

内容提要

  1942 年年初，司法行政部鉴于战时环境下，审判制度流弊丛生，应予改革以期便民。唯因"事属改制，关系重大，非经试办结果著有成效，未便实然更张，影响全局"。同年 5 月成立璧山实验地方法院，并以《实验地方法院办理民刑诉讼补充办法》（共 54 条）为法源依据进行了一系列的司法改革试验，"以科学的方法推行简单化的诉讼程序法以测验法律之功用；就实验结果为修订法典之标准；就经过事实观察推行方法之成就为人事上调整之参考；不以集中人力财力为实验方法以期普通的推行"。1944 年 7 月，璧山实验地方法院改革试验取得显著实效，但其辖区狭小，案件数量少，需在通都大邑进一步试验，以便向全国推行。因而，国民政府将重庆地方法院改制为实验法院，适用试验各项改革方案，以期简化诉讼程序、提高诉讼效率、减轻民众负担、增加司法威信，以此来维护国本，奠安黎庶，促进"抗战建国"目标的实现。

  璧山实验地方法院围绕新设缓起诉制度、简化诉讼程序、增加法官职权、厉行调解、扩大自诉范围和降低诉讼成本等方面进行了各项改革，为解决诉讼程序复杂、费用虚耗、人手不足等困境进行了新的探索。其规定犯罪之被害人及其他得为告诉之人，均得提起自诉，并可以言辞方式提起。针对犯罪事实（重罪除外）一部分提起自诉的，其他部分虽然不得自诉，亦可以自诉论。可自诉的案件，经告诉的，除告诉人有反对表示外,检察官应即移送法院,按自诉程序办理。承办推事发现自诉人确系故意诬告,而未经被告提起反诉的,应移送检察官侦查。又如增加缓起诉规定以期情法之平。对于轻微刑事案件,检察官认为以缓起诉为适当者,可以给予一年以下缓起诉处分及停止追诉时效。检察官可命令被告向被害人道歉、立悔过书、支付百元以内的抚慰金。在缓起诉期内,受此处分者受保护管束。如在缓起诉期内,存在故意犯罪,或应赔偿的损害不按期履行,或者违反保护管束规则情节严重等行为时,该缓起诉处分撤销,检察官随时起诉。处分期满,未经撤销的与确定的不起诉处分,具有相同法律效力。此外,在案件数量急剧增加和案件积压严重的情况下,简化诉讼程序成为当时追求司法效率的有效选择;在不影响实体正义实现的前提下,赋予法官较大的权力,力求尽快化解纠纷;在送达、执行、文书制作、诉讼费用等方面均有减低成本的举措,以便利诉讼当事人。

经过三年多的实际运行,璧山实验地方法院的司法改革试验获得了较为显著的成果。其中最为直接的就是快速高效地化解纠纷,清理了较多的陈年旧案,解决了案件积压问题。同时,1945年国民政府修订《民事诉讼法》和《刑事诉讼法》就是在1935年旧的诉讼法的基础上,结合《实验地方法院办理民刑诉讼补充办法》测试结果而形成的立法成果。在38条修正民事诉讼法条文中,有10条全部或部分吸收了《实验地方法院办理民刑诉讼补充办法》的对应条文;在47条修正刑事诉讼法条文中,有14条全部或部分吸收了《实验地方法院办理民刑诉讼补充办法》的条文。司法实践中呈现出结案速度提升、积压案件数量减少、案件执行度得以提高、不对缓起诉处分申请再议后依法起诉增多等变化,也反映了璧山实验地方法院实现了战时司法改革的宗旨和目标，并且已切实将国民政府司法政策实施到位。从司法改革的法治效果来看，璧山实验地方法院不仅对法院机构进行了调整，增加了司法助理员，重整司法队伍，还通过申告铃制度、密告箱制度，在检举犯罪的同时加强了对司法人员的监督，为组建职业化和精英化的司法队伍作出了有益探索。其间，英国驻华大使馆文化参赞蒲乐道、美国哥伦比亚大学教授克罗斯、美国国务院司法考察团法学专家海尔密克等人先后参观考察了璧山实验地方法院，均给予了高度赞扬。曾任璧山实验地方法院刑事法官的钟期荣女士与其丈夫胡鸿烈合著的《香港的婚姻与继承法》一书中，对璧山实验地方法院的成果亦持肯定态度。

当然，这次司法改革试验也存在诸多不足之处。一是司法党化倾向明显，国民党党义凌驾于法律之上，使得司法审判成为国民党打压异己、维护其独裁统治的工具，因而严重影响了案件的公正审理，对于法治近代化转型造成消极影响。二是强化法官职权虽能提升司法效率，并在一定程度上杜绝滥诉，但亦会出现司法官轻率从事、滥用职权的问题，使得当事人的合法权益无从保障，流弊丛生。如法官遇到案件原告的诉讼理由显无根据者，可以不经言辞辩论程序而直接判决驳回原告的起诉。三是扩大自诉范围后易出现虚假诉讼、恶意诉讼、无理缠诉等滥用诉权行为，干扰正常审判秩序，挤占有限的司法资源，并导致相对人权益受损。

目 录

001 引 言
 一、问题的提出 / 002
 二、学术史梳理 / 004
 三、研究对象、思路与方法 / 009
 四、研究的创新之处、局限与展望 / 011

013 第一章 全面抗战时期的璧山
 一、行政区划变迁 / 014
 二、自然环境与灾害 / 017
 三、社会状况 / 019
 四、司法机构 / 024
 五、其他组织 / 025

027 第二章 璧山实验地方法院
 一、司法改革背景 / 028
 二、成立与撤销 / 039
 三、机构设置 / 040
 四、职员情况 / 049
 五、经费状况 / 055
 六、案件情况 / 067
 七、院务革新 / 074

i

083　第三章　实体依据与程序规范
　　一、基本法 / 085
　　二、战时特别法 / 094
　　三、司法改革试验依据 / 109

123　第四章　司法政策的回应
　　一、裁量标准 / 124
　　二、缓起诉与不起诉 / 133
　　三、推行和解 / 137
　　四、扩大受案范围 / 141
　　五、减轻人民诉累 / 144

153　第五章　司法审判的能动
　　一、职权主义 / 154
　　二、厉行调解 / 162
　　三、简化程序 / 172

181　第六章　变与不变：民国基层司法的近代转型
　　一、传统的承继 / 182
　　二、近代的发展 / 199

210　结　语

212　参考文献

222　后　记

引言

一、问题的提出

司法公正对于维护社会公平正义具有重要的引领作用，习近平总书记对其也十分重视，曾反复强调："司法是维护社会公平正义的最后一道防线。公正是司法的灵魂和生命。"[1] 为此，我国政府先后作出了一系列司法改革的重要决策，例如坚持顶层设计与基层探索相结合的改革举措。因为我国各地情况各不相同，各个层级的司法机关的现实状况、工作特点也千差万别，不能搞"一刀切"。习近平总书记也明确指出："司法体制改革事关全局，要加强顶层设计，自上而下有序推进。要坚持从实际出发，结合不同地区、不同层级司法机关实际情况积极实践，推动制度创新。"[2] 因而，我国政府在加强顶层制度设计的同时，鼓励各个地方的司法机关因地制宜地开展试点活动，以期能够为司法体制改革提供可供借鉴的经验，推动社会公平正义的实现。

"以铜为镜可以正衣冠，以史为鉴可以知兴替。"21世纪以来，大量的民国司法档案材料陆续进入学者们的视野，他们对其展开了深入和细致地研究，在还原民国司法制度的同时，亦为当今司法体制改革提供了经验教训。对民国地方司法档案材料的研究，将有助于我们更为细致地了解地方司法机关如何运行，如何将相对静态的法律制度适用于基层社会，影响法律功能发挥的因素有哪些等。基于上述原因，本文拟以南京国民政府时期璧山实验地方法院的司法档案为主要研究对象，以期能

---

[1] 习近平：《论坚持全面依法治国》，中央文献出版社2020年版，第147页。
[2] 习近平：《论坚持全面依法治国》，中央文献出版社2020年版，第147页。

够解读当时基层司法改革密码,并为当今司法体制改革提供有益参考。

笔者之所以选择以南京国民政府时期璧山实验地方法院的司法档案为主要研究对象,存在以下几个原因。

其一,笔者在此之前接触到大量的璧山实验地方法院司法档案。因工作及其他方面的便利,笔者曾近距离接触到大量的民国司法档案,其中就包括3000余份璧山实验地方法院的司法档案。这些档案数量丰富,种类齐全,既有民事司法档案,也有刑事司法档案,更包括各级法院之间的公文往来、法院结构设置、法院职员配备以及资金情况等,为笔者研究璧山实验地方法院提供了极为翔实的资料依据。

其二,基层司法制度改革的重要性。"基层社会治理对于整体社会治理起着重要的基础和支撑作用。"[1] 同理,基层司法制度的有效运行对于维护社会稳定具有重要的作用。因而,本文拟对民国的基层司法制度展开研究,总结其利弊,为当今基层司法体制改革贡献智慧。

其三,璧山实验地方法院的特殊性。二十世纪三四十年代,随着日寇大举侵华,大片国土沦丧,我国人口、财产等损失严重,进而导致国家财政日益拮据,使得大后方司法机构面临着司法经费短缺、人手不足、案件积压等诸多问题。基于上述原因,南京国民政府在大后方相继推行了一系列的司法改革政策,其中就包括新设以简化诉讼程序、提高诉讼效率、减轻民众负担为改革目标的璧山实验地方法院。从1942年5月1日至1945

---

[1] 罗冠男:《中国传统社会基层治理的法律机制与经验》,《政法论坛》2021年第2期。

年 12 月 31 日，实验地方法院的试验改革历时 3 年有余，成效显著。之后，司法行政部根据试验成果以及经验教训，对 1935 年的《民事诉讼法》和《刑事诉讼法》重新予以修正，其中，实验地方法院关于扩大法官和检察官的职权范围、便利当事人诉讼、加速推进诉讼等主要改革举措基本上都被新修订的民事诉讼法和刑事诉讼法吸收采纳。因此，对民国时期仅此一次的以地方法院为试点的司法改革进行研究，具有重大价值。

本文以璧山实验地方法院的司法档案为主要研究对象，关注全面抗战时期的司法改革地方试点，试图在厘清南京国民政府时期司法体制历史演进及其动因的基础之上，考察政府在这个演进过程中所起到的作用，总结其成败经验，从而进一步揭示中国近代司法改革在权力交织中的合法性和主导权归属问题上的发展历程和现实状况。这一研究不仅有重要的历史意义，而且对当今中国司法体制改革亦具有重要的现实意义。同时，本文从法治的角度呈现全面抗战时期南京国民政府司法改革试验的实然状态，探讨政府顶层设计对司法改革的影响、诉讼制度对战时社会关系的调整和适应；以及探究司法改革对于节约司法资源、提高司法效率、维护司法权威的重要作用，这对于认识司法改革与司法公信力的关系具有重要价值和意义。

二、学术史梳理

学界关于民国基层司法制度的研究成果颇丰，例如民国时期的汪楫宝在《民国司法志》一书中便对南京国民政府的基层司法制度予以较为全面的阐述。[1] 及至当代，我国学术界对民国基层司法制度也展开过更为全面的研究。在朱勇主编的《中国法制通史（清末·中华民国）》中，讨论了从清末到南京国民政府这一时期的法制建设，勾勒出该时期司法制度演变的体系框架。[2] 张晋藩先生在《中国法律的传统与近代转型》一书中，专门研究了近代中国司法制度在西方思想浪潮影响下的转变。[3] 北京大学李启成在其博士论文《晚清各级审判厅研究》中，从程序和实体两方面分析了晚清审判厅对中国传统司法制度的突破，揭示了各级审判厅所面临的问题。[4] 除此之外，还有部分学者立足于档案材料专门对基层司法体制展开研究。例如在《南京国民政府初期的基层司法实践问题——四川南充地区诉讼案例的分析》这一论文中，吴燕以四川省南充市档案馆馆藏司法档案为依据，进行细致的归纳和分析，向读者揭示南京国民政府统治下南充地区的基层司法实况。[5] 付海晏在其《变动社会中的法律秩序——1929—1949年鄂东民事诉讼案例研究》一书中，以1929年到1949年二十年间鄂东地区的司法诉讼档案为依据，展开分析和思考，对南京国民政府时期鄂东地区的司法状况进行考察。[6]

在对近代基层司法制度的研究中，也有专门针对基层民

---

[1] 汪楫宝：《民国司法志》，商务印书馆2013年版。
[2] 朱勇主编：《中国法制通史（清末·中华民国）》，法律出版社1999年版。
[3] 张晋藩：《中国法律的传统与近代转型》，法律出版社2005年版。
[4] 李启成：《晚清各级审判厅研究》，北京大学出版社2004年版。
[5] 吴燕：《南京国民政府初期的基层司法实践问题——四川南充地区诉讼案例的分析》，《近代史研究》2006年第3期。
[6] 付海晏：《变动社会中的法律秩序——1929—1949年鄂东民事诉讼案例研究》，华中师范大学出版社2010年版。

事纠纷解决机制的研究。例如在婚姻方面，里赞在《民国婚姻诉讼中的民间习惯：以新繁县司法档案中的定婚案件为据》一文中，以新繁县婚姻司法档案为根据，明确指出民国时期虽然大量引入了西方的法律制度，但是基层地区的司法机关在审理案件时依然会较多地考虑传统的民间习惯，使得在司法实践中出现传统习惯和现代法律制度并存的局面。[1] 刘昕杰虽然也是以新繁县司法档案案例为研究材料，但是他的研究角度与上文不同。他在《民国民法中离婚权利的司法实践——以新繁县司法档案案例为线索》一文中，主要研究纠纷中妇女离婚权利的问题。他以新繁县司法档案中的离婚案例为线索，向读者描述了当时的妇女如何依据民法赋予的权利进行离婚诉讼，推动了妇女权利意识的觉醒。[2] 杜正贞根据龙泉司法档案指出，虽从清末开始已经取消了招赘婚，将招赘婚与普通婚姻予以等同，但是龙泉地方民间招赘婚的形式和内容却与传统没什么不同，几乎没有改变。他在《民国的招赘婚书与招赘婚诉讼——以龙泉司法档案为中心的研究》一文中，围绕所保存的诉讼档案等材料，讨论相关民国法律变化、司法实践与民间习俗之间的关系。[3] 徐蓓蕾在《童养媳婚姻研究——以龙泉司法档案为中心的考察》一文中，以龙泉司法档案中的童养媳案件为研究对象，从收案时间、案情等方面对龙泉童养媳案件进行

---

[1] 里赞：《民国婚姻诉讼中的民间习惯：以新繁县司法档案中的定婚案件为据》，《山东大学学报》（哲学社会科学版）2009年第1期。
[2] 刘昕杰：《民国民法中离婚权利的司法实践——以新繁县司法档案案例为线索》，《北方法学》2010年第3期。
[3] 杜正贞、王云婷：《民国的招赘婚书与招赘婚诉讼——以龙泉司法档案为中心的研究》，《政法论坛》2014年第3期。

全面分析，并从法律的视角来分析童养媳的婚姻。[1] 刘志娟在《民国中后期婚姻纠纷与基层司法研究——以1935—1949年河口婚姻司法档案为中心》一文中，以1935—1949年的河口婚姻司法档案为主要研究对象，并以《江西民国日报》等期刊报纸为参照，论述司法机关处理婚姻问题的实体法依据和程序法规范。[2]

除此之外，当代学者也对民事纠纷的其他方面展开了相关研究。例如刘昕杰以民国新繁县司法档案为基础，揭示了调解在基层民事纠纷的解决中依然发挥着重要的作用，无论是在调解的整体比例、半官方的调解方式还是公信力方面，调解都显示出其极强的生命力。[3] 谢健在他的博士论文《民国时期的基层司法建设与社会治理研究——以四川地区为中心（1927—1949）》中，以四川、重庆地区的司法档案和报刊资料为依据，对民国时期四川的基层司法建设展开了较为全面的研究。他认为南京国民政府在基层司法建设过程中，除了建立和完善司法审判、检察制度，还继承了中国传统社会留存下来的利于解决纠纷的调解制度，形成了系统化的行政调解[4]和官方认可的调解模式[5]，促进了民间纠纷有效解决。

---

[1] 徐蓓蕾：《童养媳婚姻研究——以龙泉司法档案为中心的考察》，浙江大学2013年硕士学位论文。
[2] 刘志娟：《民国中后期婚姻纠纷与基层司法研究——以1935—1949年河口婚姻司法档案为中心》，华东政法大学2019年博士学位论文。
[3] 刘昕杰：《以和为贵：民国时期基层民事纠纷中的调解》，《山东大学学报》（哲学社会科学版）2011年第4期。
[4] 当时的行政调解系统包括乡镇调解委员会、警察局、乡镇公所、保甲等官方调解机构。
[5] 官方认可的调解模式如社会团体调解、宗族调解、中人调解等。

另外，在一些学术论著中也有针对民国时期基层司法机构组织架构、人员设置以及行政事务等方面的研究。吴燕在《南京国民政府时期四川基层司法审判的现代转型》一文中描述了清代、北洋政府和南京国民政府时期县级司法组织的概况，并着重探讨了南京国民政府时期县司法处和地方法院的人员选拔、案件审理和行政事务等。[1] 谢健在其博士论文《民国时期的基层司法建设与社会治理研究——以四川地区为中心（1927—1949）》中指出，近代以来随着司法改革的深入，基层司法制度历经审检所制度、司法公署制度、兼理司法制度、县法院制度、县司法处制度以及地方法院制度的变革。之后，他又对四川地区基层司法机构的人员选拔、考核、训练以及管理等方面进行较为详尽的研究。[2] 除了上述学者的学术成果，罗金寿[3]、何凡[4] 等人在他们的学术论文中对此也有过相关论述。

综上所述，前人对于近代基层司法制度的研究成果可谓数不胜数，但是专门针对璧山实验地方法院的研究却是凤毛麟角，只有刘昕杰、侯欣一、何雨佳等人对其进行过研究。但是，由于受档案材料的限制，他们针对璧山实验地方法院的研究并不全面，依然存在些许不完善的地方。基于上述原因，笔者拟以重庆市璧山区档案馆馆藏的璧山实验地方法院司法材料为重要依据，对该实验法院展开更为全面、详细的研究，以期能够为

---

[1] 吴燕：《南京国民政府时期四川基层司法审判的现代转型》，四川大学2007年博士学位论文。
[2] 谢健：《民国时期的基层司法建设与社会治理研究——以四川地区为中心（1927—1949）》，南开大学2018年博士学位论文。
[3] 罗金寿：《战争与司法——陪都时期重庆的法院及审判》，西南政法大学2010年博士学位论文。
[4] 何凡：《民国河口地方法院研究》，江西师范大学2012年硕士学位论文。

民国时期基层司法机构研究添砖加瓦，为当今基层司法改革提供有益经验和借鉴。

三、研究对象、思路与方法

1. 研究对象

本文的研究对象主要是璧山实验地方法院的司法实践。

第一，璧山实验地方法院缓解"案多"与"人少"矛盾的具体做法是本文的关注对象。厉行调解实现分流、增加法院供给以提高案件处理能力是当时采用的两种直接有效的对策，但是如何避免其局限性则需要予以重点关注和研究。

第二，关注简化诉讼程序的各种举措。璧山实验地方法院为了节约成本，减少诉累，尽快化解纠纷，主要侧重用职权推动诉讼进行，在不影响实体正义实现的前提下，赋予法官较大的权力，发挥法律的功能。本文梳理了国民政府在诉讼制度上的种种简化举措，总结其经验和教训，力求摸索出实现司法资源优化、提高基层诉讼效率的可行方案。

第三，关注司法改革实践中的不足之处。例如在实践过程中漠视对诉讼当事人权利的保障，限制当事人的诉讼权利；片面追求诉讼效率，忽略了司法公平和司法公正等。

当然，本文依据的档案资料大量来自璧山区档案馆，对于档案中的数据分析和统计均采取原貌，故其中的货币单位均为南京国民政府的法币，若有例外情况会单独指出。

2. 研究思路

第一，突破常态下的司法研究，聚焦"密码"这一关键词，以璧山实验地方法院司法档案为基础材料，以法社会学为主要研究方法，对抗战大后方的唯一一次司法改革进行实证研究。解码南京国民政府在司法经费不足、诉讼程序繁杂、人员缺乏等困境下的基层司法权力运行过程，关注当时基层司法人员的工作和生活状况，评析南京国民政府司法改革制度安排的合理性和实效性，力图勾画出司法体制改革深度、进度与社会承受程度的关系，从而强化当今司法改革制度建设的针对性。

第二，以璧山实验地方法院的司法改革实践为例，梳理和总结南京国民政府在司法体制改革举措上的经验教训，充分发掘、整理并利用这些历史资源，对正确处理试点先行和上层设计的关系进行探索，力图避免"补丁式"的改革，并对如何区分司法改革中的轻重缓急、做到有序改革、实现整体效果进行积极分析，探讨国家在司法资源配置、法院审判工作、诉讼程序改进、提高司法能力、法院管理和评估等领域的改革举措，正确认识法院功能与地方治理现代化之间的相互作用。

3. 研究方法

第一，多学科理论交叉分析法。本文综合采用法学、历史学、经济学、社会学等学科的相关理论和研究方法，更加注重社会生活和社会结构的变迁与社会治理模式之间的联系，更加注重基层司法体制与社会变迁之间的双重影响。

第二，档案分析法。本文着重以重庆市璧山区档案馆馆藏的司法档案为研究对象，通过对大量璧山实验地方法院司法档案的整理、解读和分析，尽量还原当时璧山实验地方法院的司法实践，并在此基础上还原基层司法改革过程中遇到的问题，分析其利弊得失。

第三,比较、归纳分析法。在实事求是地研究和评价民国璧山实验地方法院运行历史的同时,通过战时与战前战后、实验法院与非实验法院之间审判机制的对比,为当今中国推进"以审判为中心"的诉讼制度改革提供借鉴。

四、研究的创新之处、局限与展望

1. 创新之处

一是以战时司法改革宗旨和目标为对象进行考察。大而言之,此次基层司法改革是否发挥了抗战建国的功能:"司法为国家建设一大端,将以维护国本,奠安黎庶。泯后方之纠纷,斯可励前敌之士气。"具体而言,将国防最高委员会常务会议核准备案施行的《实验地方法院办理民刑诉讼补充办法》规定的指导性原则和具体要求,视为此次改革试验的任务清单,作为其绩效评估的参照。

二是研究依据的档案材料颇具新颖性。本文所引用的档案材料大多来自重庆市璧山区档案馆,在此之前该档案馆并不对外开放。笔者将以这些材料为重要依据,对璧山实验地方法院展开更为全面的学术研究。

2. 局限与展望

本文的主要研究对象是1942年至1945年璧山实验地方法院的司法改革,因为时间跨度较长,档案材料颇为丰富。受条件限制,笔者并未将这期间的档案材料全部找齐,只找到了部分颇具代表性的司法档案,并以此为依据进行归纳整理和研究。所以,在某些方面,笔者的论述并不全面和深入,需要日后予以完善。

第一章
全面抗战时期的璧山

璧山，因四壁皆山，山石如壁而得名，"昔人云：四山如壁，曰璧山。又云：山出白石，明润如璧，故曰璧山"。早在两万年前璧山地区就已经有人居住，至唐代设立璧山县制，后历朝历代都在此处设立了行政管理单位。全面抗日战争时期，璧山被定为陪都迁建区。国民政府军事委员会军训部、国立艺术专科学校、经济部商标局等一批重要的部队、学校、机关迁驻璧山。

一、行政区划变迁

1912年中华民国成立后，璧山县仍沿袭清末的行政区划，实行里、甲制，璧山县隶属关系未变。1914年6月2日北京政府公布《各省所属道区域表》时，将原四川东道改为东川道，璧山县属四川省东川道。1915年，增设临江场，全县为38场5段。1930年8月13日，县政会议决定将全县划为12个区、35个镇、213个乡。1931年5月22日，县政会议决定将原来的12个区改为6个区。8月23日，县政会议决定又将6个区并为3个区（表1-1）。

表1-1　1931年璧山行政区划[1]

区名称	乡（镇）名称
第一区 （区署设丹凤）	城中、城东、城南、城西、城北、河边、福禄、梓潼、兴隆、三教、中兴、丹凤、狮子、太和、大鹏、鹿鸣。共16个乡（镇）

---

[1] 四川省璧山县县志编纂委员会编纂：《璧山县志》，四川人民出版社1996年版，第62页。

续表

区名称	乡（镇）名称
第二区 （区署设丁家）	正兴、高古、马坊、清平、大佛、广兴、普兴、定林、健龙、石龙、登凤、丁家、来凤、平安、会兴，共 15 个乡（镇）
第三区 （区署设七塘）	蒲元、接龙、青木、六塘、七塘、大路、依凤、八塘、转龙、龙门、临江、澄江，共 12 个乡（镇）

1935 年，试行新县制，同时四川省设行政督察区，璧山县属四川省第三行政督察区。9 月 1 日，县政府决定将全县划为 3 个区、40 个联保和 1 个实验乡（表 1-2）。

表 1-2 1935 年璧山行政区划[1]

区名称	乡（镇）名称
第一区 （区署设县政府）	城中、城东、城南、城西、城北、狮子、丹凤、福禄、河边、兴隆、大鹏、中兴、梓潼、太和、三教、蒲元，共 16 个联保
第二区 （区署设丁家）	丁家、广兴、健龙、登凤、定林、会兴、石龙、清平、大佛（平安并入）、鹿鸣、正兴、来凤、普兴，共 13 个联保
第三区 （区署设七塘）	八塘、转龙、澄江、临江、接龙、青木、龙溪、依凤、六塘、大路、七塘，共 11 个联保
直辖实验乡	马嘶（高古并入）乡

1940 年，正式施行新县制。县政府决定对全县 3 个区所辖联保进行调整。第一区辖 5 个联保，第二区辖 22 个联保，第三区辖 13 个联保。同年 7 月撤销联保编制，全县仍设 3 个区（表 1-3）。

---

[1] 四川省璧山县志编纂委员会编纂：《璧山县志》，四川人民出版社 1996 年版，第 62 页。

表1-3 1940年璧山行政区划[1]

区名称	乡（镇）名称
第一区	城中镇、城东乡、城南乡、城西乡、城北乡，共5个乡（镇）
第二区	丁家镇、定林乡、龙凤乡（石龙、登凤合并）、健龙乡、广普乡（普兴、广兴合并）、三合乡（清平、大佛合并）、来凤镇、鹿鸣乡、正兴乡（正兴、会兴合并）、中兴乡、丹凤乡（丹凤、三教合并）、太和乡、梓潼乡、马嘶乡（实验乡）、狮子镇、兴隆乡，共16个乡（镇）
第三区	接龙乡、福禄乡、河边乡、蒲元乡、六塘乡、龙溪乡、大路镇、依凤乡、七塘镇、八塘镇、临江乡、转龙乡、青木乡，共13个乡（镇）

1941年3月27日，奉四川省政府令："场镇不足千户者一律改乡"，全县除城中镇外，均改为乡。

1942年1月，县政府决定将原来的3个区改为6个指导区（表1-4）。

表1-4 1942年璧山行政区划[2]

区名称	乡（镇）名称
第一指导区	城中镇、城东乡、城南乡、城西乡、城北乡和狮子乡，区联络通讯处设在县政府内
第二指导区	大兴乡、梓潼乡、太和乡、丹凤乡和福禄乡，区联络通讯处设在大兴乡
第三指导区	丁家乡、来凤乡、鹿鸣乡、中兴乡、正兴乡和马坊乡，区联络通讯处设在丁家乡

---

[1] 四川省璧山县志编纂委员会编纂：《璧山县志》，四川人民出版社1996年版，第63页。

[2] 四川省璧山县志编纂委员会编纂：《璧山县志》，四川人民出版社1996年版，第63页。

续表

区名称	乡（镇）名称
第四指导区	广普乡、三合乡、定林乡、龙凤乡和健龙乡，区联络通讯处设在广普乡
第五指导区	接龙乡、河边乡、蒲元乡、青木乡、龙溪乡和大路乡，区联络通讯处设在接龙乡
第六指导区	依凤乡、八塘乡、临江乡、转龙乡、六塘乡和七塘乡

1943年，全县6个指导区均未变动。但全县34个乡1个镇被划分为甲、乙两种乡镇（表1-5）。至抗战胜利，璧山县行政区划未有变动。

表1-5　1943年璧山行政区划[1]

区名称	乡（镇）名称
甲种乡镇	城中镇、城东乡、丁家乡、来凤乡、正兴乡、马坊乡、青木乡、大路乡和八塘乡
乙种乡镇	城南乡、城西乡、城北乡、狮子乡、大兴乡、梓潼乡、太和乡、福禄乡、丹凤乡、三教乡、鹿鸣乡、中兴乡、三合乡、广普乡、定林乡、健龙乡、龙凤乡、依凤乡、接龙乡、河边乡、蒲元乡、龙溪乡、六塘乡、七塘乡、临江乡和转龙乡

二、自然环境与灾害

璧山县地处四川盆地东南部，长江北岸，嘉陵江南岸。地理坐标为北纬29°17′—北纬29°53′，东经106°02′—东经106°21′。距重庆朝天门69公里，东连巴南境地，南和江津接壤，西与永川、铜梁相邻，北与合川、北碚交界。

---

[1] 四川省璧山县志编纂委员会编纂：《璧山县志》，四川人民出版社1996年版，第63页。

1. 地形地貌

根据清代同治年间《璧山县志》的记载，璧山县的地貌"形如柳叶，环境皆山，外高中平"。地貌受地质构造影响，具有背斜成山、向斜成谷的特点，东为温塘背斜构成东山（温泉山），西为沥鼻峡构成西山（云雾山），南有坪状高丘构成云坪山，北有分水岭构成多座低山。《璧山县志》记载的地震共10次，除光绪二十二年（1896年）记载"人昏屋响，霍然有声"外，嘉定九年（1216年）、乾隆五十一年（1786年）、民国九年（1920年）等均仅记载某年地震几字而已。[1]

2. 水系

璧山县域地表水属外流水系，共有大小溪河75条，其中汇水面积大于10平方公里的只有10条，而以璧南、梅江、璧北3条河最大，其余溪河均是短源，属季节性的流水。县境内气候湿润，雨量充沛，地表径流条件好，但该县属四川盆地内水资源缺乏地区，由于地表水年内径流分配极不均匀，径流集中，县域内洪灾和旱灾频繁。如咸丰七年（1857年），璧山大水，城内水深丈余，城外居民漂没无数；1941年9月9日，暴雨成灾，全县16个乡受灾。[2] 又如1914年，发生大旱，物价上涨，"斗米值四千"，次年从4月起至6月末下雨，致使稻谷收获只有两成，贫苦农民以树皮、草根、泥土为食者约有60%。[3]

---

[1] 四川省璧山县志编纂委员会编纂：《璧山县志》，四川人民出版社1996年版，第104页。

[2] 四川省璧山县志编纂委员会编纂：《璧山县志》，四川人民出版社1996年版，第98页。

[3] 四川省璧山县志编纂委员会编纂：《璧山县志》，四川人民出版社1996年版，第99页。

3. 气候

璧山地区属于亚热带湿润季风气候。县域东、西是低山区，两山间为丘陵谷地，对夏季来自海洋潮湿的气流起扰动辐合作用。因此，具有春旱、夏热、冬暖，以及风小、湿度大、云雾多、日照少、绵雨多等特点。1917 年、1923 年、1927 年、1932 年、1937 年、1945 年，《璧山县志》均有大雷电击致人死亡的记载。[1]

三、社会状况

1. 抗战文化

1939 年 4 月，为实施《国民精神总动员会组织大纲》，璧山县动员委员会制定了若干措施：举行国民月会；聘请名流学者讲述国民精神总动员之意义及推行方法，发动各级公务人员深入农村切实宣传；禁止不正当娱乐，厉行节约，扩大战时生产，检举汉奸，肃清仇货，竞服兵役。县城各校组成 20 个宣传队，分赴城乡宣传抗敌公约。5 月 9 日，分别成立璧山县慈善会和璧山县救济会。同年 6 月，全国战时儿童保育总会下属第五保育院迁入大路乡何家祠堂，收养难童 400 余人。第四保育院迁来八塘乡，收养难童 500 余人。次年，第五保育院迁宝光寺，5 月，八塘第四保育院并入。1940 年 10 月，县动员委员会在县政府会议厅召集各机关、法团、学校、士绅开会商讨征募寒衣（代金）办法，规定对不捐的富户由动员委员会在其大门张贴"为富不仁"等标识，使寒衣征募顺利开展，共征得 6 万件。

---

[1] 四川省璧山县志编纂委员会编纂：《璧山县志》，四川人民出版社 1996 年版，第 103 页。

抗日战争期间，璧山县迁入、兴建的大专院校有国立社会教育学院、国立音乐学院、正则艺专、交通大学贵州分校、国立艺专，迁入、兴建的中学有淑德中学、同文中学、私立亚洲中学、社教院附属师范、国立劳作师范等。中央实验民众教育馆也在璧山县青木关成立，抗战文化沸扬一时。

2. 人口概况

由于清朝末年社会动荡，战乱四起，导致璧山人口减少。民国初年统计全县有61745户，386601人（表1-6）。1936年，原属于璧山管辖的澄江镇、缙云山、北温泉被划给嘉陵江三峡乡村建设试验区，璧山人口数量减至332602人。在抗日战争期间，因从军、疾病等，璧山人口数量再度减少。1940年，县民政科增设户籍室专办户籍管理工作。1941年，县政府制定《璧山县29年度户口总清查实施办法》，按"口必归户，户必归甲"的原则，将全县编为359保，3859甲。实行"纵横联保连坐法"，规定各户随时向甲长申报人口变动或检举他户不法事情，随后甲长向保长转报户口异动情况，并由副保长登记上簿，定期向乡（镇）呈报。

表1-6　璧山县民国时期人口数量统计[1]

时间/年	户数/户	人数/人
1912	61745	386601
1916	60240	362279
1930	63497	
1937	49684	332602

---

[1] 四川省璧山县志编纂委员会编纂：《璧山县志》，四川人民出版社1996年版，第106页。

续表

时间/年	户数/户	人数/人
1940		321547
1942	56564	329529
1944	56434	345853
1945	56921	335821
1946	58251	337809
1947	56382	320758
1948	56700	322403
1949	84651	366767

在璧山县，并非都是固定人口。如在抗日战争时期，由于重庆被定为陪都，沦陷区的人口大量涌入，一些机关、学校、驻军等迁入璧山，迁入人口约有6万。到抗日战争结束时，随着这些机关、学校、驻军等都迁出，大量的人口也随之流出，也有少部分人留在璧山。1936年之前，璧山县劳力大约有14.9万人，农业劳力占95%。抗日战争爆发后，劳力外流，全县劳力降至13.2万人。

璧山县人口在男女比例上一直为男多女少，除了自然规律的影响，当时封建思想、重男轻女传统也是重要原因之一。抗日战争时期，死亡人数男多女少，性别比例有所下降。在1916年，男性有223074人，占总人口的61.6%，女性有139205人，占总人口的38.4%，性别比例为1.60∶1；抗日战争结束的1945年，男性有179647人，占总人口的53.5%，女性有156174人，占总人口的46.5%，性别比例为1.15∶1。

璧山县教育投入持续增多，但人口受教育程度不均衡。1935年前后，全县范围内的小学有20所，1935年设立一年制短期小学 18 所，学生 745 人。1939 年教育部迁驻县青木乡后，创办了教育部特设青木乡小学和袁家沟小学。1940 年国民教育制度推行后，全县除设立 34 所中心小学外，丁家、广普、大兴三个乡另设立 3 所分校，共计国民小学 209 所，私立小学 2 所。1931 年，县中学仅有一所，至 1944 年全县陆续创立了县立初级女子中学、中山中学班、正义中学、璧山中学璧北分校等，更有谭树勋、钟岳灵等人发起创办私立璧南中学，梁漱溟在来凤乡川主庙创办勉仁中学等，前后成立了 10 所中学[1]。但学校数量增多并未完全解决受教育问题，居民的受教育程度并不均衡。在 1943 年的统计数据中，整个四川省 13 岁以上人口中，不识字的占到 82.4%，学龄儿童中，就学的人口只占 35.7%[2]。不同职业类型对受教育程度同样有影响，如 1945 年，"璧山农家学龄儿童之失学者，占全体学龄儿童百分之五十三·二；青年与成年人总数中之文盲，占总人口百分之六十三，其已受教育之青年与成人，大都仅受过一两年之私塾或小学教育而已"[3]。

3. 经济状况

明末清初，璧山县就出现了蚕丝、纺织、造纸、煤炭、冶铁、陶瓷等手工作坊，但由于闭关自守的自然经济制约，工业发展缓慢。民国初期，纺织、酿酒、造纸等工业发展较好，但

---

[1] 四川省璧山县志编纂委员会编纂：《璧山县志》，四川人民出版社 1996 年版，第 596—606 页。

[2] 四川省档案馆编：《抗日战争时期四川省各类情况统计》，西南交通大学出版社 2005 年版，第 41 页。

[3] 童润之：《璧山 269 户农家教育程度与经济状况调查》，《中华农学会通讯》，1945 年第 50 期，第 52—53 页。

规模较小，冶铁业的产品也都用来生产锅具或农具，生产方式原始，大部分是农村匠人经营，农闲开工农忙停。抗战时期，璧山为陪都"卫星城"，璧山地区工业迅速发展。1938年，国民政府迁至重庆后，煤炭需求量较之往日大幅度增加，呈请开矿者日多，1949年，煤矿已达72家。同时，璧山又是陪都迁建区，70余个机关、单位共6万人迁往县内，又促使燃料、食品工业的发展。

1935年前，璧山冶铁业产品供本地做锅具和农具。1939年，冶铁业随重庆军工需要而发展，众多乡绅开办铁厂，冶铁业呈兴旺之势。1941年，国民政府资源委员会、四川省政府、商营全新钢厂合资组建特种股份有限公司，投资1350万法币，在河边乡登第场办厂，定名为"四川矿业公司璧山钢厂"。全厂职工91人，设计能力为年轧钢300吨，转炉钢100吨。1942年10月—1943年6月，产熟铁元条126吨，该厂为县内第一家机械化生产的钢厂。抗战胜利后，该厂随国民政府迁南京。[1]

璧山县属亚热带湿润季风气候，四季分明，土壤肥沃，唐天宝年间，"诸州逃户多投此营种"。明末清初，又移进大量"湖广人"垦种。民国时期，县政府设立传习所、农业试验场、农技推广所，华西实验区设立28个农业繁殖场，璧山农业具备一定实力。

4. 禁烟、禁赌、禁娼

1927年，璧山县政府施行"寓禁于征"的政策。1936年4月21日，成立"璧山县戒烟所"，同年10月成立"璧山县戒

---

[1] 四川省璧山县志编纂委员会编纂：《璧山县志》，四川人民出版社1996年版，第540—586页。

烟委员会",并拟订"璧山县两年禁毒六年禁烟计划",要求第一年戒烟民的数量达到261名,以后每年增加戒烟民1200名。[1] 1941年,璧山县政府颁布《璧山县查缉烟毒实施办法》,限期3个月内肃清烟毒。1932年,为整治赌风,璧山县长曾发布训令严禁赌博,并令各乡镇长随时查禁。1933年,刘湘给璧山县长的训令中指出该地"民德日堕,公然聚赌,相习成风,十室之邑必有赌局"[2],并规定了查案赌犯的奖励。民国时期,璧山县已无妓院,但暗娼仍有活动,至全面抗战时期,县城多外来游娼,而县政府采取消极戒娼举措。[3] 为集中抗战力量,净化城市环境,稳定社会秩序,战时国民政府及璧山县政府大力革除烟毒、娼妓、赌博等陋习,但屡禁不绝。

四、司法机构

1. 法院

1931年10月前,璧山县实行司法与行政合一,司法隶属于行政的审判体制,县知事(县长)公署设有民、刑两股(后改为承审处、司法科),协助县知事办理民刑案件。1931年10月1日,璧山县法院成立后负责审理普通民刑案件,特种刑事案件由县政府军法室承办,县知事兼军法官审案。1937年10

---

[1] 四川省璧山县志编纂委员会编纂:《璧山县志》,四川人民出版社1996年版,第516页。

[2] 四川省璧山县志编纂委员会编纂:《璧山县志》,四川人民出版社1996年版,第517页。

[3] 四川省璧山县志编纂委员会编纂:《璧山县志》,四川人民出版社1996年版,第517页。

月 1 日，撤县法院改为县司法处。1939 年 9 月 10 日，撤县司法处建县地方法院。[1]

2. 检察

1931 年 10 月 1 日，璧山县法院成立前，璧山没有专门的检察机构，县知事兼理司法，检察官的侦查、起诉权集中在县知事手中。璧山县法院成立后，设有检察处，并委任首席检察官、检察官和书记官。县政府军法室亦设有军法承审员帮办案件。[2]

五、其他组织

1. 警察局

清宣统三年（1911 年），璧山县军政府设警务课。1914 年，璧山复办警察事务，设警备队。1930 年 7 月，璧山县政府设公安局，管户籍、警卫、消防、防疫等事务。1932 年，公安局撤销，职能划归县团务委员会。1934 年，县政府设警佐 1 人，掌理警务。1936 年，撤销县政府警佐室，成立县警察局，驻县城考棚，有长警 108 人；各乡镇公所常备警 12—20 人，共 350 人。[3]

2. 调解机构

1931 年 4 月 3 日，《区乡镇坊调解委员会权限规定》施行

---

[1] 四川省璧山县志编纂委员会编纂：《璧山县志》，四川人民出版社 1996 年版，第 526 页。

[2] 四川省璧山县志编纂委员会编纂：《璧山县志》，四川人民出版社 1996 年版，第 521 页。

[3] 四川省璧山县志编纂委员会编纂：《璧山县志》，四川人民出版社 1996 年版，第 513 页。

后，璧山各地陆续建立调解委员会，设主任1人，委员若干，乡镇调解委员会成员由乡镇民代表会选举产生。1943年10月9日，《乡镇调委会组织规程》颁布后，全县调解委员会发展到35个，主任由乡镇长担任，办公地址设在乡镇公所内。[1]

3. 律师公会

1941年《律师法》施行后，律师张峻、蔡迪等8人发起组织璧山县律师公会，报请国民党璧山县执行委员会核准后，获得国民团体组织许可证。1942年4月，经璧山县地方法院核准，沈钧儒和林亨元成立"沈钧儒、林亨元律师事务所"。1943年1月，璧山县律师公会选举产生了第一届理事和监事，沈钧儒等担任候补理事。1944年1月30日，"璧山县律师公会平民法律扶助实施事务所"和"璧山县抗属义务事务所"成立。[2]

---

[1] 四川省璧山县志编纂委员会编纂：《璧山县志》，四川人民出版社1996年版，第530页。

[2] 四川省璧山县志编纂委员会编纂：《璧山县志》，四川人民出版社1996年版，第532页。

第二章
璧山实验地方法院

司法改革自清末开始，又经历北洋政府、南京国民政府的改良与变革，其内容日趋完善，形成了较为完备的司法体系，但受困于当时的社会环境，国内司法体系运作仍然问题重重。

一、司法改革背景

1. 战争影响

受战争影响，大量的司法机关毁于战火，司法职能的正常行使陷入停滞，"其犹能执行职务者，自仍竭力维持，加上海特区法院，如江苏之淮阴与兴化、泰县等处一二两审法院，均至今存在，但其他大部分均因军情变动，进退两难，而不能不暂时结束，在此种区域内，人民诉讼，自感不便"[1]。此外，抗日战争初期因战事不利，最高法院等中央司法机关随南京国民政府迁往四川重庆，而四川地区山高林密，交通不便，加之战争不断，导致抗战前线之地方法院与司法部、最高法院等中央司法机关的公文往来极为不便，耗时日久，亟须予以改革。同时受战火影响，与战争相关的犯罪大量涌现，案件数量上升，更增加了法院的办案压力。

2. 程序复杂

南京国民政府成立之后，将四级三审制改为三级三审制。南京国民政府认为三级三审制度与原制度相比更为简便，因为当时在地方实行的是省、县两级制，地方法院之设立易致管辖错误，故而浪费司法资源。同时，三级三审制的实行有利于维

---

[1] 居正：《一年来的司法之设施》，转载于居正、张知本等：《抗战与司法》，独立出版社1939年版，第4页。

护法院的统一、降低错案发生概率。[1] 因为司法近代化改革起步较晚，从清末改革至南京国民政府成立仅20多年，加之地域广阔、人口众多，司法人才的培育始终难以满足当时的需求，人才匮乏问题仍然严重。并且各地法院司法官的水平也参差不齐，最高法院司法官大多精通法律，若采用三级三审制，则可以由最高法院进行终审，能够极大降低错案发生的概率，保障当事人的合法权益。

但是，在司法实践中，"一个刑事的公诉案件，往往警察机关，转检察机关，由地方法院，而高等法院，而最高法院，要经过五种机关的审理，继后有确定的判决"[2]。而性情狡黠之人常常利用三级三审制一直上诉，拖至终审。在此期间公文的频繁往来、每一审法官的更迭等因素，都使得案件经年累月得不到审结。以致当时的人们批评道："结果，狡黠者，幸逃法网，无辜者，拖累无穷；而案件经年累月，不能解决；不但是虚耗国家的经费，而且司法的威信，也扫地无余。"[3]

南京国民政府时期的诉讼程序十分复杂和琐碎，当时健诉之人常会凭借抗告、再审、上诉等程序，使得案件久悬不决，以此拖垮对方，操纵诉讼。当时的学者对诉讼程序的复杂进行批评：

> 诉讼的手续，贵在敏捷，然后继便利人民，减少当事

---

[1] 参见李光灿、张国华总主编：《中国法律思想通史》（第4卷），山西人民出版社1996年版，第581—582页。
[2] 张庆田：《抗战期间司法制度之改革》，转载于居正、张知本等：《抗战与司法》，重庆独立出版社1939年版，第8页。
[3] 张庆田：《抗战期间司法制度之改革》，转载于居正、张知本等：《抗战与司法》，重庆独立出版社1939年版，第8页。

人的痛苦,现在中国诉讼程序的复杂和琐碎,最容易为当事人所利用,一般狡黠健诉的人,往往藉抗告、再审、上诉、再上诉等等手续,使案件久悬不决,以欺压乡愚,蹂躏弱者,而到达操纵诉讼,左右当事人的目的。因为一个法官的一举一动,都要受程序法的束缚,所以,对于一个显然无理的案件,几句话可以判断,而必须专案审讯,至再至三。对于一个几百元诉讼标的的案件,而判牍连篇,文书盈迟;可以立刻判决,而不能判决;可以马上执行,而不能执行,拖延案件,莫此为甚。又譬如抗告制度,纯属程序问题,于一个案件的实际方面,并无关系可言。假如一个民事案件,在强制执行中,然一经抗告,法院就应该将卷宗送达到抗告法院,依法审理,而执行的法官,便无卷可凭,不得不无形停顿。甚至案已上诉第三审,因违背专属管辖规定,又必须移送到第一审法院,重为审理。因此,法官的有用精神,大半消耗于无谓的诉讼程序中,而当事人的生命财产,又往往牺牲于诉讼手续中,而不自觉。这是如何痛心的事情![1]

在罗某高等人诉彭某高终止租约这一民事案件中,[2]原告罗某高、罗某氏于1944年7月22日向璧山实验地方法院提交诉状,主张其与被告曾于1940年签订租约,将原告位于鹿鸣乡的大冲田业一股租于被告彭某高,计产谷面积20石,租期3

---

[1] 张庆桢:《抗战建国程序中的司法改造》,《新民族》1938年第4期,第22页。
[2] 《罗某高、罗某氏诉彭某高领押交业案》,重庆市璧山区档案馆馆藏民国档案,档案号:12-1-123。

年，有租约可查。但是，该被告在承租期间违法将承租田地中的房屋、土地转租给黄某希。原告以其现在生活困难，他处再无不动产以供耕为理由，计划于本年租期届满后向被告退还押金收回土地自耕，并预先给予通知，但是被告却予以拒绝，并将该土地霸占耕种不予返还，经乡长调解却依然无用。原告为收回土地，向法院提起诉讼，以资能够得到法律救济。1944年8月21日，当事人双方在璧山实验地方法院推事周建文、书记官徐佩殊的主持下在该法院民事第一庭进行了言辞辩论。彭某高对于原告的上述言论，承认土地租期为3年，所租产业亦转租给黄某希耕种和居住，但是指出原告罗某高另外还有一股产业，并非生活无依。另外，被告向法院指出其兄弟彭某烈为出征军人，应该享受优待。璧山实验地方法院于1944年8月25日作出一审判决，判决被告彭某高应于本年秋收后收回押金国币700元，并将鹿鸣乡大冲田土全股（面积20石）及房产全部返还原告，诉讼费用由被告承担。此案中，璧山实验地方法院认为依照相关法律规定，土地自租期届满后由出租人收回，租赁关系自行消灭。另外，承租人在租赁期间不得将耕地全部或部分转租于他人，根据《中华民国土地法》第172条、第174条，《中华民国民法》第450条第1项的规定，被告彭某高对于约定租期业已届满及将熟土转租黄某希耕种的事实，已自认无异。虽然，被告之弟彭某烈为出征军人，法律亦给予其家属一定优待，但是享受优待的范围以直系血亲及配偶为限，被告虽为出征军人的胞兄，但亦不得援引此例请求优待，故而支持原告请求法院判决被告应于该年秋收后领押交业的主张。

  该案历经月余而作出一审判决，观其诉讼程序、判决所依据的事实和理由均无不当之处，但是被告不服上述一审判决而提出上诉，上诉人即一审被告彭某高将其不服之点罗列如下：（1）本案租期虽已届满，但在本年夏天上诉人曾与被上诉人交涉，要求续佃一年，当时双方口头达成了协议，之后对方反悔，才发生了强行退佃的事情。（2）原审以上诉人将耕地转租于黄某希为判决理由，其实黄某希仅赁屋数间，上诉人每年仅取房租二元，并无贪图。（3）上诉人的胞弟彭某烈早岁出征，有证件可凭，其妻小孤身无靠，系与上诉人同居共食，全凭耕种度日，而上诉人所租被上诉人之土地并非自己耕种，而是由出征军人家属耕作，被上诉人恐其拖欠租金因而要求以上诉人名义承租，若强令于本年驱除，则抗属生存堪忧。（4）被上诉人现佃耕荣某谷田20石，仅纳年租5石。上诉人所佃被上诉人的谷田20石，但是每年缴纳租谷达15石之多。两相比较，轻重悬殊，一转手间，被上诉人于中即取得10石的利润，上诉人整年辛苦，即使丰年全收，只得赚谷4石多，要求续佃1年，其实无利可图，不过别无耕地可租，迫得在此暂屈1年。针对上诉人彭某高的上诉理由，被上诉人即一审原告罗某高对其一一予以反驳。（1）上诉人诳称本年夏间经被上诉人允诺续租1年，迨至秋收将近，始逼其迁让，另未觅得耕地，下年生活无着等情。而被上诉人因生活逼迫必须自耕，去年便已通知对方搬迁交业。本年租期届满，被上诉人亦于数月前通知上诉人，但上诉人不同意搬迁。经解委会评饬，上诉人仍不遵从，乃诉请法院讯判，时间极为冗长，并不迫促。至于对方所说本人曾于夏天允许其续租，纯属子虚乌有，如果本人果真允诺，试问上诉人有无书面文字可为凭证。且上诉人自有房屋居住，耕种田业数十石，实非一般纯以佃农生活者可比。（2）转租一节，转租房屋全部熟土一部，现尚未搬迁有据可查，事实昭然。（3）对方所说的出征军人家属，尤不合于法理，该上诉人同胞 5 人早已分家，各有子女。虽其弟一人出征，自有出征军人配偶及其子女享受其应享优待，上诉人提出此点实与本案无关，综上各由均有凭据可考。

四川高等法院第一分院据此在 1944 年 11 月 30 日作出二审判决，对被上诉人的观点基本予以采纳，上诉驳回，原判决准予假执行。但是，上诉人彭某高依然不服，认为被上诉人（罗某高等）事先并未通知本人搬迁交业，与法不合，且被上诉人在璧山经营药铺、酒馆等商铺，并非其之前所说的生活没有着落，而其弟彭某烈在出征之前并未分家，不过承租土地时未列胞弟彭某烈的名字，前两审便以与法不合而不予援引优待条例，理应废弃原判。"一二两审所为之判决，实与土地法各条不合，并与优待条例违悖，显有违法之嫌，兹上诉人实非好事，甘愿退步，本年秋收后交业，另觅耕地，以图安全，为此遵缴讼费，状请。钧院鉴核，准予废弃原判。"[1] 观上诉人前后之言论，其先陈述被上诉人现承租荣某之土地耕种，并非生活没有着落，后又指出其在璧山经营药铺、酒馆，前后言论矛盾，而其所谓"并非收回自耕，系转租于曾某山耕种"更是凭空猜测，不能作为证据予以采纳。另外，根据法律规定，在三审中提出新的事实证据于法不合，因而上诉人之主张没有法律依据，最高法院终审驳回上诉。

纵观该案，仅为一起简单的民事纠纷，案件事实清楚、判决理由充分，法律适用亦无不当之处，上诉人彭某高（即一审被告）却不断上诉，所依据的事实和理由也是前后矛盾，甚至凭空

---

[1]《彭某高关于遵谕缴费并请判令罗某高秋收后交业上最高法院的呈》，重庆市璧山区档案馆馆藏民国档案，档案号：12-1-123。

猜测，难以让人信服。他一直所坚持的他弟弟是出征军人，而他与弟弟并未分家，理应受到优待的观点也于法无据，而且根据其所提交的出征军人家属证明书所示，受优待之军人家属以其配偶和直系亲属为限，证明书中所列之亲属只有其弟弟的父母、妻子和儿女，并无上诉人的名字。但是，该案却一直上诉至最高法院，直至1945年11月16日才作出终审判决，历时一年有余，不仅给该案中的对方当事人带来极大的负累，亦极大浪费了当时有限的司法资源，简单的民事案件尚且如此，更遑论刑事案件。

3. 经费短缺

南京国民政府由于财政紧张以及军费开支常年居高不下，使得司法经费紧缺，但是"司法经费乃司法制度之命脉所托，苟无经费，虽欲改善司法，无从实现，如各法院之办公费（查传人证、调查证据、检验尸体、化验毒质各费用），监狱及看守所之囚粮医药等费，均极关重要，不可一时或缺者"[1]。否则，会给大后方的司法活动带来诸多不便，甚至部分司法人员可能因为薪金微薄而收受贿赂、徇私枉法或者辞去公职另谋生路，严重影响了司法机关的正常运转。且当时，各省的法院经费，由省政府财政厅筹拨。

> 司法部本无的款，每月司法经费，均向财政部索领；而财政部于事实上，不过一支出机关，其收入均被有力者强取豪夺，至月终各机关应领款项，均以国库如洗四字了之，司法部既向财政部索领无着，若遇有责任心之部长，

---

[1] 李浩儒：《司法制度的过去与将来》，转载于何勤华、李秀清主编：《民国法学论文精粹·诉讼法律篇》，法律出版社2004年版，第471页。

尚能自为挪借，或函催各省法院呈解司法收入，（即讼费状纸费）每月凑发数成经费，以资点缀；若遇无责任心之部长，不但不能筹集经费，乃反向法院严催呈解司法收入，以供部内开支。[1]

从法院职员的薪金以及福利待遇来看，甚至难以满足法院职员及其家属的日常生活需要。民初，"实缺法官月俸不过百元，仅及行政荐任职月俸之半，无论婚丧疾病，请假十日即予扣俸，每年请假四十日者，扣薪年俸四分之一；其间再经纸币之折扣，及所得税与欠之损失，每月实收不过四五十元"[2]。法官工资待遇低下，但所负责的工作却十分繁重，时人评价道：

> 夫俸既不足以养廉，案件逐增，仍须各员包办，且频频以废弛难堪之语相督责，而案多人少，迄无根本救济之法。（惟前大理院京师高等审判厅曾因积案过多调员清理）故法官待遇之结论，为位卑而任重，俸薄而事多。以是近年以来，除自甘清苦不能活动者外，余皆改业高就，然而留者，已一息奄奄矣。[3]

虽然南京国民政府成立之后，法院法官以及其他职员的薪

---

[1] 李浩儒：《司法制度的过去与将来》，转载于何勤华、李秀清主编：《民国法学论文精粹·诉讼法律篇》，法律出版社2004年版，第471页。

[2] 李浩儒：《司法制度的过去与将来》，转载于何勤华、李秀清主编：《民国法学论文精粹·诉讼法律篇》，法律出版社2004年版，第470页。

[3] 李浩儒：《司法制度的过去与将来》，转载于何勤华、李秀清主编：《民国法学论文精粹·诉讼法律篇》，法律出版社2004年版，第470页。

金待遇有所提高，但是依然不能解决问题。例如根据1944年实行的《候补推事检察官书记官俸给暂行规则》第2条、第3条之规定：一级至四级候补推事、检察官之俸给分别为240元、220元、200元、180元，一级至四级候补书记官之俸给分别为85元、80元、75元、70元。[1]《县司法处审判官俸给暂行规则》也规定了一级至四级县司法处审判官之俸给分别为220元、200元、180元、160元。[2] 而以四川璧山实验地方法院职员的薪金为例，在1944年11月，首席检察月工资为340元，推事孙建中月工资为300元，其余推事月工资为260元，检察官月工资260元，书记官长月工资110元，主任书记官月工资100元，书记官月工资80元或者130元不等，代理书记官月工资70元，候补书记官月工资60元，录事月工资分别为50元、60元、70元不等，司法助理员月工资为70元等。[3] 据此可知，检察官、推事、书记员等的薪金亦无较大幅度的提高。

但是根据国民政府财政收支和赤字数额统计（1937—1945年）可知，抗战全面爆发之后，国民政府通货膨胀、货币贬值问题十分严峻，"大后方的物价，如果以重庆为例，在五月初，比战前上涨五百倍（参考五月十六日《大公报》）。根据七月十八日的物价总指数，从五月九日起，两个多月中，又涨了百分

---

[1]《候补推事检察官书记官俸给暂行规则》，重庆市璧山区档案馆馆藏民国档案，档案号：12-1-832。
[2]《县司法处审判官俸给暂行规则》，重庆市璧山区档案馆馆藏民国档案，档案号：12-1-832。
[3]《璧山实验地方法院1944年职员、主计人员薪俸表、警丁工饷表》，重庆市璧山区档案馆馆藏民国档案，档案号：12-1-813。

之十五点七三；一比战前，就上涨到五百三十二倍了"[1]。当时物价的飞涨幅度远远超过法院职员工资的上涨幅度。当时的《司法评论》便登文对某位司法人员在1940年的收入与支出进行了十分详细地列举：

> 你每月领津贴一百二十元，除五十打八折，仅得一百零六元，除了所得税八角，党员月捐八角，印花六分，实际收入不过一百零四元三角四分。家庭每月开支：房租钱十元（乡下茅草屋一间）。米三斗，共二十元四角（三人每天吃两顿，六元八角一斗）。菜油四斤，共四元四角（点吃兼用，一元一角一斤）。猪油五斤，共五元五角（一元一角一斤）。盐二斤，共八角（四角一斤）。柴十五捆，共二十二元五角（一元五角一捆）。酱油三斤，共一元五角（起码价五角一斤）。挑水工钱二元（水系井水不要钱，并非河水，或自来水）。每日小菜钱七角，每月二十二元（完全素食，未吃肉）。每月肉食二次，共二斤，一元六角（初一、十五两次牙祭，八角一斤）。每月布鞋三双，九元（起码三元一双，一人一双，无钱坐车，三人走路费鞋）。每月线袜三双，七元五角（起码二元五角一双，三人一人一双）。理发六次，三元（三人每月每人二次，起码价五角，小费在内）。沐浴六次，四元八角（三人每月每人二次，起码价木盆，一次八角，非汀盆瓷盆）。肥皂费二元一角（三人洗衣服，一月七块。三角一块）。邮费五角（写

---

[1] 中国现代史资料编辑委员会翻印，《抗日战争时期国民党统治区情况资料》，北京俄语学院印刷厂印刷1957年版，第87页。

家书及向人告贷书用)。平均每月婚丧祭，送往迎来费，至少五元。火柴三角（每月二盒，每盒一角五分)。草纸一刀，一元四角。牙膏三包，六角（三人每月每人一包，二角一包)。洗脸帕二张，共二元（三人每月二张，土货，每张一元)。总共就已非要一百二十五元九角不可。[1]

上述所罗列的仅为日常生活花销，尚未列举小孩的教育费用、书本及其文具费用、家庭成员的医药费、衣服费用等。该候补司法官的薪金难以满足家庭的日常开支，从而不得不举债度日。所以为了维持生计，部分司法官员或辞职另谋生路，或收受贿赂，司法权威荡然无存。

在物价高涨的情况之下，法院附属监狱的管理成本随之增加。1943年璧山实验地方法院看守所给璧山实验地方法院的公文中，表明该所在1943年10月人犯油盐柴菜费用共支出5500余元，但国库只拨发720元经费，不敷数额达到4800元之多![2]该看守所难以维持，特向璧山实验地方法院求助，希望法院能够垫发人犯的超支款项，以此维持看守所的正常运行，保障监狱人犯的日常生活所需。此外，办公用具的价格亦居高不下，法院亦开始开源节流，如"裁判文书应以正本送达于当事人，而正本字数较多，自非油印不可。近来蜡纸价格飞涨，法院全部办公费往往不足开支此项蜡纸费用。且市面缺货，复难购买。兹拟将裁判文书改以节本送达，当事人即用油墨抄写。

---

[1] 辑五：《张候补》，《司法评论》1940年创刊号，第23—24页。
[2] 《璧山实验地方法院看守所关于请垫发1943年10月份人犯油盐、蔬菜超支款上璧山实验地方法院的呈》，重庆市璧山区档案馆馆藏民国档案，档案号：12-1-1053。

同时准许当事人申请抄录全文，以资救济"[1]。

在战争破坏、诉讼程序复杂与经费短缺等背景下，南京国民政府进行了一系列司法改革。设立璧山实验地方法院便是当时司法改革的一项重要措施。

二、成立与撤销

国民政府司法行政部考虑到，若全国改革，阻力过大，恐流弊丛生，因就狭窄地区先行试验，若有效逐渐推及全国，若无效仅仅影响一方区域，不会伤害全局。1942年组建实验地方法院设计委员会，就现行法律法规及其实际情况制定出具体方案，原计划在北碚筹设实验地方法院，但需重征地基、建设院舍，预算较高，耗时较久，遂放弃北碚。最后决定选取璧山这所同样距重庆市区不远的法院进行改革，于1942年5月1日将璧山地方法院改组为璧山实验地方法院。初步计划为该实验法院暂不变更实体法规及法院组织架构，其诉讼程序则应国家的改革政策和实际需求，力求简便。

两年多后，司法改革在璧山地区取得成效，但国民政府并未将其迅速在全国范围内推广。主要是考虑到璧山实验地方法院辖区较为狭小，其案件数量较少，种类较为单一，而以重庆等为首的通都大邑地区经济发达，人员密集，诉讼案件无论是数量、种类还是复杂程度都远超璧山地区，并且还会出现涉外案件。"以科学的方法推行简单化的诉讼程序法以测验法律之功用；就实验结果为修订法典之标准；就经过事实观察推行方法之成就为人事

---

[1]《司法院三十一年一月三十一日修字第三七八号训令》，司法行政部编：《战时司法纪要》，司法行政部1948年版，第149页。

上调整之参考；不以集中人力财力为实验方法以期普通的推行。"[1] 国民政府为稳妥起见，故决定于重庆进行扩大试验，以期能够更好推行。1944年7月1日，司法行政部将四川重庆地方法院改组为重庆实验地方法院，对各项司法改革措施进行进一步试验。至1946年，重庆实验地方法院也与璧山实验地方法院同时结束，璧山和重庆实验地方法院的"实验"二字被正式废除。司法行政部直接管理下的璧山实验地方法院在完成其试点改革后重新回归四川高等法院指挥监督。作为战时最高决策机构，国防最高委员会肯定了司法行政部的改革成效，但也明确了司法行政部的改革权限仅在"不涉及变更法律之办法"范围内。从1942年5月1日到1945年12月31日，实验法院历时3年7个月，宣告结束。

三、机构设置

按照《法院组织法》的规定，璧山实验地方法院分为两部分：即璧山实验地方法院、璧山实验地方法院检察处。审检合一体制下，院长和首席检察官是同等平级的，互不隶属，只是法院院长除了掌管法院的行政工作，还负责兼管检察处的办公经费。诉讼事务管辖与通常地方法院相同，地域管辖暂以璧山县行政区域为限。

1. 组织架构

璧山实验地方法院的工作分为两部分，其一为司法行政工作，直属司法行政部管辖；其二为审判工作，璧山实验地方法院的上诉第二审由四川高等法院第一分院管辖，第三审由最高

---

[1] 《璧山实验地方法院一年来总述》，重庆市璧山区档案馆馆藏民国档案，档案号：12-1-996。

法院管辖。璧山实验地方法院的管辖案件为民事、刑事第一审诉讼案件及非诉案件，包括公证、不动产登记等事项。其具体组织架构如图 2-1 所示。

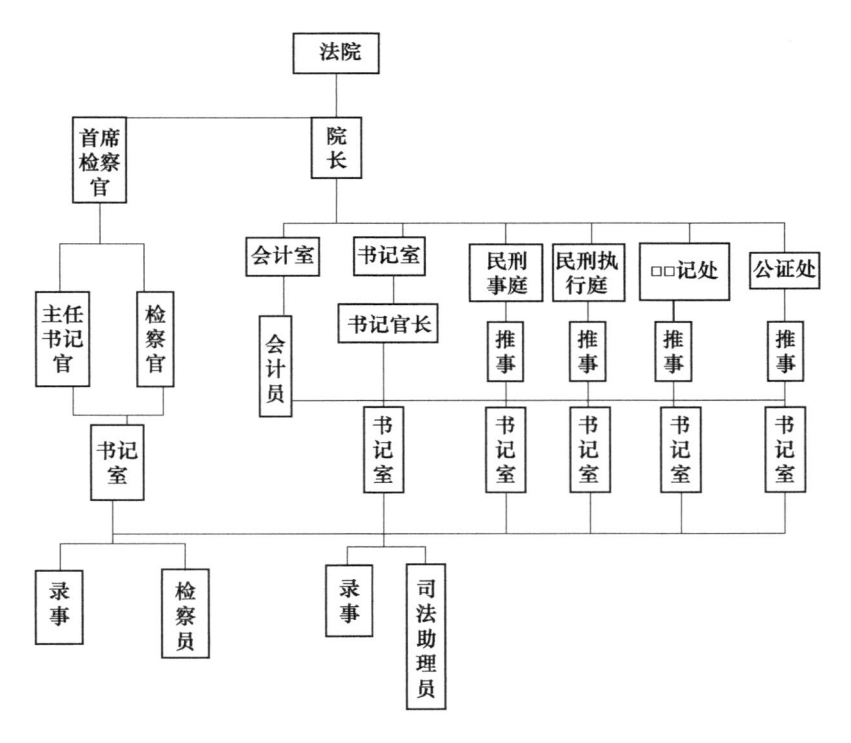

```
                        法院
                         |
          ┌──────────────┴──────────────┐
       首席检察官                      院长
          |                             |
    ┌─────┴─────┐    ┌──────┬──────┬──────┬──────┬──────┐
  主任书记官  检察官  会计室 书记室 民刑事庭 民刑执行庭 □□记处 公证处
    |         |      |      |      |      |        |      |
   书记室    书记室  会计员 书记官长 推事   推事    推事    推事
    |                      |      |      |        |      |
  ┌─┴─┐                  书记室  书记室  书记室   书记室  书记室
 录事 检察员                |
                        ┌──┴──┐
                       录事  司法助理员
```

图 2-1 司法行政部直辖四川璧山实验地方法院组织系统[1]

2. 业务职能

(1) 刑事审判

1935 年《刑事诉讼法》规定，刑事审判程序分为第一审、

---

[1] 《璧山实验地方法院一年来总述》，重庆市璧山区档案馆馆藏民国档案，档案号：12-1-996。

上诉审（第二审、第三审）、抗告、再审、非常上诉、简易程序、执行、附带民事诉讼等程序。刑事第一审程序规定了法院管辖、检察官侦查、推事回避、被告的法定代理人、辩护人、文书制作等内容。《刑事诉讼法》规定，上诉受理法院为上级法院，不服高等法院的第二审或第一审判决而上诉者应向最高法院上诉，最高法院审判不服高等法院第一审判决之上诉也适用第三审程序。抗告程序多发生于申请推事回避经裁定驳回、当事人不服法院裁定，或证人、鉴定人、翻译人及其他非当事人不服者等情形。原审法院若认为其应许可恢复原状的申请，则须出具意见书，将上诉或抗告案件送由上级法院合并裁判。抗告法院的裁定应速通知原审法院。申请再审发生于刑罚执行完毕或已不受执行时。因重要证据遗漏申请再审的，应于判决送达后 20 日内申请。判决确定后，发现该案件之审判系违背法令者，最高法院检察署检察总长得向最高法院提起非常上诉，"此为检察总长的专属职权，是对于确定刑事判决的审判违背法令所设的救济方法，以统一适用法令及保护被告利益"[1]。非常上诉应以非常上诉书叙述理由，由最高法院管辖。其判决除原判决不利于被告及诉讼程序违背法令的，效力不及于被告。

有关刑事简易程序，《司法行政部 1941 年 1 月 29 日训（民）字第三一二号训令》指出："若案件合于民事诉讼法第四百零二条及刑事诉讼法第四百五十九条第一项规定，应适用简易程序者，即应厉行简易程序。而检察官依刑事诉讼法第四百

---

[1]《非常上诉理由及判决要旨第十八辑序》，重庆市璧山区档案馆馆藏民国档案，档案号：12-1-798。

四十四条规定，对于刑事简易案件并应尽量申请以命令处刑事案件得以迅速终结，以免讼累。"

璧山实验地方法院设有专门的民刑事执行庭负责案件裁决的执行事务。执行裁判由其裁判法院的检察官负责，规定拘提、羁押等应由司法警察或司法警察官执行。死刑应经司法行政部署令准予执行令到3日内执行，《司法行政部1945年10月24日训令》曾对死刑执行方式作出统一规定："查今年以来各司法机关执行死刑方法，极不一致。自特种刑事案件收归司法机关办理后，各处多以用绞或用枪决，纷纷向部请示兹为划一，为减少犯人苦痛，规定嗣后所有判决死刑经核准执行人犯一律用枪决，但如因一时未有枪弹无法执行枪决仍得用绞以资救济。"

附带民事诉讼程序除刑事诉讼法有特别规定外，准用有关刑事诉讼规定，但经移送或发回民事庭时，应适用民事诉讼法。司法实践中，该规定运用较为普遍，如四川璧山实验地方法院1944年自字第526号刑事裁定，自诉人周某林、周某全诉被告贺某林、王某海、刘某堂一案，法院审理后认为"经二审法院判决将原判决贺某林被告等前向本院民庭起诉系属诬告而已，查被告等既系前本院民庭控告自诉人，旨在民事方面求得解决，并无意图他人受刑事或惩戒处分之故意，按诸首开法条意旨，被告等殊无诬告可言，应均谕知无罪"[1]。可以看出，刑事附带民事诉讼程序并不必然由刑庭审理，也可以移送民庭审理。"根据这一制度的规定，部分特定的附带民事案件，除了当事人可以选择不作为附带民事诉讼而作为单独的民事诉讼分开审理

---

[1]《周某林、周某全诉贺某林等人附带民事诉讼一案》，重庆市璧山区档案馆馆藏民国档案，档案号：12-1-799。

外，法院也有权在当事人提起附带民事诉讼后，决定是合并审理还是移送民庭作为民事案件分开审理。"[1]

(2) 特种刑事案件审判

为提高效率，国民政府将特种刑事案件划归军法审判，该程序较简单，不公开审理，不实行辩护制度，但愈发不合时宜。如在"罗某云、徐某五、李某渊与朱某齐贪污自诉案"中，被告朱某齐系璧山县政府经收处职员，自1944年1月起即不按照规定每向自诉人等多征屠宰税，强令自诉人等缴税。璧山实验地方法院审理后查明，"若自诉人所诉各节如果不虚，该被告业已构成惩治贪污条例第二条第四款籍势端勒征罪，依同条例第十一条规定应依特种刑事案件之审判程序办理，而在该程序未经判定法律公布施行前自仍应暂依军事审判程序办理，本院判被告无审判权"，故判决自诉不予受理。而1944年11月12日《特种刑事案件诉讼条例》颁行后，烟毒、汉奸、盗匪、贪污等特种刑事案件陆续移归普通法院审理。[2]

(3) 民事审判

按照《民事诉讼法》规定，璧山实验地方法院的民事诉讼程序如图2-2所示。

---

[1] 陈建新：《论中国刑事附带民事诉讼制度的改造》，《怀化学院学报》第29卷第4期，第63页。
[2] 1946年3月国民政府颁布法令，烟毒案件应即依照《特种刑事案件诉讼条例》移归司法机关审判，唯山西、甘肃、河南三省因情形特殊奉令仍暂由军法机关审判以一年为期至1947年10月始由司法机关接收，1946年12月颁布的《绥靖区及东北九省军政紧急措施办法》规定，绥靖区及东北九省之盗匪案件由军法审判。1947年12月《戡乱时期危害国家紧急治罪条例》规定，危害国家案件及重大之盗匪案件应设置特种刑事法庭审判，并将军政紧急措施关于盗匪案件由军法审判之规定予以废止。参见司法行政部编：《战时司法纪要》，司法院秘书处1971年版，第71页。

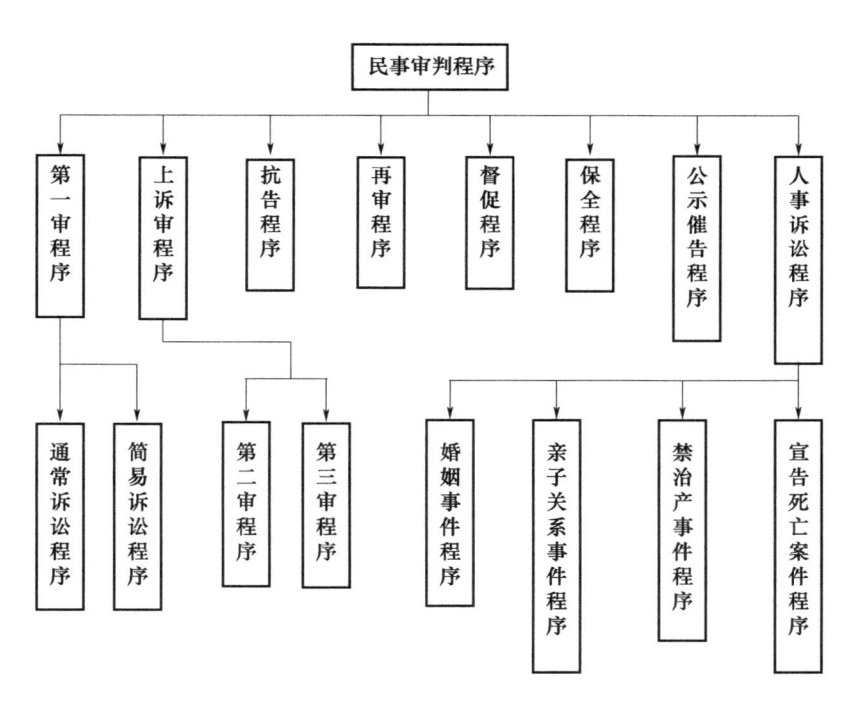

```
                        ┌─────────────┐
                        │ 民事审判程序 │
                        └──────┬──────┘
   ┌──────┬──────┬──────┬──────┼──────┬──────┬──────┐
┌──┴──┐┌──┴──┐┌──┴──┐┌──┴──┐┌──┴──┐┌──┴──┐┌──┴──┐┌──┴──┐
│第一 ││上诉 ││抗告 ││再审 ││督促 ││保全 ││公示 ││人事 │
│审   ││审   ││程序 ││程序 ││程序 ││程序 ││催告 ││诉讼 │
│程序 ││程序 ││     ││     ││     ││     ││程序 ││程序 │
└──┬──┘└──┬──┘└─────┘└─────┘└─────┘└─────┘└─────┘└──┬──┘
   │      │                                           │
┌──┴──┬───┤                          ┌──────┬────────┼────────┐
│     │   │                          │      │        │        │
┌──┴──┐┌──┴──┐┌─────┐┌─────┐      ┌──┴──┐┌──┴──┐┌──┴──┐┌──┴──┐
│通常 ││简易 ││第二 ││第三 │      │婚姻 ││亲子 ││禁治 ││宣告 │
│诉讼 ││诉讼 ││审   ││审   │      │事件 ││关系 ││产   ││死亡 │
│程序 ││程序 ││程序 ││程序 │      │程序 ││事件 ││事件 ││案件 │
│     ││     ││     ││     │      │     ││程序 ││程序 ││程序 │
└─────┘└─────┘└─────┘└─────┘      └─────┘└─────┘└─────┘└─────┘
```

图 2-2　璧山实验地方法院民事审判程序

此外还有督促程序、保全程序等特殊程序的适用。

(4) 非诉案件审理

非诉案件主要为公证、不动产登记等。璧山实验地方法院设有公证处专门处理公证事务。鉴于当时法律知识尚未普及，民众缺乏法律意识，关于公证的记录、文意不明晰，签名画押也非各个地方便用的，容易作伪纷争，滋生讼端。"法院遇此情形，采证困难，为保护私权、清理识源计，在平时已有施行公证制度的必要，并值非常时期，社会经济情况随时发生变化，人民所为之法律行为或其他关于私权事实，亟须有明确之凭证，用以免一切之纠纷，因之推行公证制度，实为刻不容缓。"[1]因此，1943年3月19日，《司法行政部（民）字第三零六七号指令》通令各省高等法院，凡各省尚未成立公证处的各地方法院，应自同年7月1日起，分批成立，每三个月成立一批，一批成立后即由高等法院呈报一次。以两年为限，届期全国各地方法院之公证处，必须一律成立，并同时注重宣传，务使周知。

另外，还设有登记处处理不动产登记事务。南京国民政府时期，颁布了1930年《民法物权编》、1930年《土地法》以及1946年《土地登记规则》，标志着现代不动产登记制度在中国已完全建立。不动产登记作为物权法的配套措施，与大陆法系国家物权变动方式一致，不过由于政局动荡，并未在全国范围内普遍实施。在璧山实验地方法院的业务中，有不动产登记制度，经过审查、公告、确认产权、备案之后形成不动产登记证明书（表2-1）。

表2-1 不动产登记证明书（存根）[2]

	不动产登记证明书　存根
登记人姓名	军政部第一织布厂 陈×荣　陈×忠
登记号数	不动产登记簿　区第五　册第188、189号
收件年月日及号数	中华民国三十三年十二月二十一日第156号

────────

[1]《区乡镇坊公所实行调解与宣传公证说明》，重庆市璧山区档案馆馆藏民国档案，档案号：12-1-848。

[2]《不动产登记证明书（存根）》，重庆市璧山区档案馆馆藏民国档案，档案号：12-1-639。该表内容和格式与原文一致。

续表

不动产之标示	（一）坐落择某乡第五保六甲岩□马谷田房屋一股，水田计□□八石，1良田四石，房屋十六间，四至界 x 东大石板四六路及敬世华西至河心及吴长□南□石崖及敬世华北至河心及敬世华界。（二）坐落梓潼乡五保四甲许 x 坎上为田，房屋一股，水田老□五石，□田三石，房屋五间四至界址来□赵□□□□□界，西至赵□□□□□界，南至□□□赵□仿界，北□刘本永界
登记原因及其年月日	于民国三十三年十二月二十日立合月，领织军政部第一织布厂棉纱六十，并流用副级乃有亏欠，□□或移用他用，□事就上列产业□保□金受优先抵偿之权，特为抵押权设定登记
登记标的	抵押权设定登记
权利先后栏数	他项权利部第一栏
登记年月日	中华民国三十四年五月四日
右证明登记完毕	中华民国三十四年五月五日

3. 机构分工

璧山实验地方法院内设民庭刑庭。按法院组织法的规定，有六人以上推事的法院，须分设民刑庭，而璧山实验地方法院推事已满六位，特分民刑两庭，各司其职，另按照强制执行法规定，应设民事执行处派员专司其事，故设置民事执行庭，分工合作。自1943年7月1日起，分设民刑事各一庭，以资深推事许李明、孙健中两人分别担任各庭主任推事，对于庭员负指导监督责任。并派推事吴秉瑜担任民事执行庭主任推事，袁麒麟为主任书记官分层负责。具体实务分配如表2－2所示。

表 2-2　1943 年 7 月璧山实验地方法院事务分配[1]

处所	民事庭	刑事庭	执行庭	登记处	公证处	书记 文书科	书记 民事科	书记 刑事科	执行处	公证处	会计室	统计室	司法助理员办公室
职别	院长 主任推事	主任推事	主任推事	推事	推事	书记长官	书记官	候补书记官 书记官	书记官	书记官	会计员 书记官	统计书记官	主任
姓名	李祖庆 许孝明	文学淑 孙建中	李侠平	吴秉瑜	吴秉瑜	严振东	何若愚	龙裔杰 文学淑	谷通 陈伯钧	袁麒麟 袁麒麟	朱尧章 薛鸣皋	瞿华峰	刘琬
事务分配	综理全院司法行政兼庭长事务 配受民事案件二分之一兼承院长处理本庭事务	配受刑事案件二分之一兼承院长处理本庭事务	配受民事案件二分之一	办理民事执行案件	兼办公证事件	承院长之命综理行政部分一切事务兼文版出纳事宜	办理收发收费缮状等事务	配置清股办理记录事务 配置廉股办理记录事务	配置勤股办理记录事务 配置平股办理记录事务	办理执行事务 兼办公证登记事务办公证登记事务	办理总分各账及收支报账务 办理文稿书表稽核账务	办理统计及有关统计一切事务并管档案	分配文件监督指挥司法助理员办理一切事务
符号	清	廉	勤	平	慎								
代理符号	廉	清	平	勤	清								

---

[1] 《璧山实验地方法院事务分配表 1943 年 7 月份起》，重庆市璧山区档案馆馆藏民国档案，档案号：12-1-983。该表内容和格式与原文一致。

此外，法院内部还设置了审检联席会议。"法院分审检两部，各有首长，形成对立，多有摩擦。"形成这种分立的根源在于制度，并非不可避免。1943年年初，璧山实验地方法院以实验为主旨，决定将学术研究会议、行政会议、工作检讨会议，"均按周联合举行，用以沟通双方意见"[1]。

四、职员情况

1. 职员构成

（1）审判组织

设院长一人，综理本院行政事务。

所有内部组织与法院组织法规定的其他地方法院相同，仅裁撤了执达员岗位，增设了司法助理员协办司法警察职务。具体职位安排如下。

设推事职位，分配于民刑事庭及民事执法处，办理诉讼及登记公证等非诉案件，并配置相当额数书记官。

设书记长官一员，承院长之命，督同书记官录事处理院分行政事宜；并设书记官职位，分掌记录事宜。设候补书记官职位，分掌记录收发事宜；原有设录事职位，分掌出纳庶务缮写等事宜，开示代行书记官职务，后撤销录事一职，增设书记官职位。

设会计员职位，承主计处之命受本院长官之指挥，办理会记岁计事宜。

设统计书记官一员，办理统计事宜。

---

[1]《厉行审检联席会议》，重庆市璧山区档案馆馆藏民国档案，档案号：12-1-935。

设人事专员一员，办理人事管理事宜。

设特约通洋一员，遇有涉外案件随时通知来院执行职务；设特约法医一员，遇有重要案件，随时通知来院执行职务；设询问处答复人民对于诉讼程序的各项疑问；附设不动产登记处，办理不动产登记事宜；附设公证庭，由推事兼公证人。

设司法助理员职位，受推事检察官指挥监督，办理送达诉讼文件，及拘提被告及搜查逮捕各项事宜，原设抵达员一职（专司送达文件及执行裁判），职责归于司法助理员，遂撤销此职。

（2）检察组织

设检察官职位，其中首席检察官1人，配置法院保法独立行使检察职权，并配置相当额数书记官，综理本院检察事务；检察官2—4人，均在首席检察官领导下执行职务，实施侦查、办理公诉，参与自诉指挥，刑事裁判文书的执行及其他法令所定职务。

"主任书记官职位，辅助首席检察官办理检察处行政事务；书记官职位，办理记录兼管卷宗；候补书记官职位，办理记录并管卷宗。"

录事职位，办理分案缮写、记录等事宜，关示代行书记官职务，后撤销此职位，相关职能由书记官担任。

检查员职位，受推事、检察官之督导检验被害人尸体及伤痕。

原设司法检察长职位，司法警察职位（依长官之命令送达民刑诉讼文件并办理拘提、羁押、搜索等事务）在实行8个月后被撤销，另设司法助理。

（3）看守所

看守所是法院的直属机关，负责羁押待审判或已审判但未转移的人员。1945年其所长为孙佐娜。

2. 职员录用

对于各类公职人员的选拔，璧山实验地方法院均有规定：审判的本质是判断，而判断的结果要想公平和公正，行使判断权的人就必须拥有超于一般人的智识和品行，唯有如此其结果才能被当事人和社会所接受。民国初年，北京政府首任司法总长王宠惠曾说："司法官为亲民之官，衡情执法，断事折狱，一方需洞悉社会情况，以论究案由，辨认事实，一方又须熟谙法理，以探求立法本意，适当运用法条。反所裁决不惟攸关当事人权益，同时影响政府威信，真所谓事务繁巨，责任重大，非有学识渊博，经验宏福之士，不能应付裕如，胜任愉快。"[1]

南京国民政府成立后，陆续制定了几部审判机关组织法，均重申这一原则，并对推事的资格、任用从实体和程序方面作出了更为明确的规定：凡欲成为推事者必须系统地接受现代法学教育，参加由国家举办的统一司法考试并及格。

报名资格，按照规定，凡年满20岁的中华民国男子，在国外大学或高等专门学校学习法律或法政之学三年以上得有毕业文凭者；在国立或经司法总长、教育总长认可之公立大学或高等专门学校修法政之学三年以上得有毕业文凭者；在国立或经司法总长、教育总长认可之公立私立大学或专门学校教授司法官考试所规定的主要科目三年以上者；在外国专门学校学习速成法政一年半以上的有毕业文凭并充当推事检察官者；或在国立公立大学或专门学校教授司法官考试所规定的主要科目一年

---

[1] 吴永明：《理念、制度与实践——中国司法现代化变革研究（1912—1928）》，法律出版社2005年版，第187页。

以上者，具备以上条件之一即可报名参加考试。[1]

璧山实验地方法院建立了统一的高等文官考试制度，规定推事必须经过高等文官司法官考试才能胜任。考试仍然分为初试、再试两部分，再试合格后由铨叙部进行审查，再由司法行政部任用，任用时先是候补，候补一年后，如有实缺方可转为实缺推事。而转为实缺时需挑选其所办理过的案件30件，连同案卷报司法行政部审核，能力上没有问题，才会正式任命。

同时，看守所人员是新式审判机关中的另一群体。狱政败坏是中国传统政治的一大痼疾。传统狱政之所以败坏，与管理人员，即狱卒的地位低下有着密切的关系。"我国狱官之所以为后世诟病者，非仅狱官之罪也，试问我国狱官之位置果真安全否？位置朝秦暮楚，而欲其一意奉公，其可得欤？又试问其俸给果优厚否？俸给不足以仰事俯畜而欲其廉正自持，又可得欤？"[2]进入民国后，司法行政部实施了一系列措施提高了监狱官、看守所人员的整体素质和社会地位，使狱政管理成为一种不被人歧视的专门职业。抗战时期曾任湖北省第三监狱的监狱长陈珣回忆道：

有一次湖北省政府新任主席万辉煌偕民政厅厅长佘正东来宜昌，大肆宴请宜昌各机关首长。宜昌司法界有高分院（省高等法院分院）和宜昌地院院长和首席（高分院及地方法院检察处首席检察官），也不少了我这个典狱长，席间，大多是法界。主人作陪的是民政厅厅长佘正东。我这个人无

---

[1]《司法官考试令》，《政府公报》1917年第631期。
[2]《狱政改良两大纲》，《东方杂志》1906年第8期。

论在何种场合,只是谈笑风生,旁若无人,习惯了。[1]

书记官是一个重要的群体,人员众多,几乎是推事的一倍,同时又有着自己专属的职责。民国政府极为重视书记官群体,不仅通过《法院组织法》对书记官的准入制度、职责、权利与义务等进行了明确规定,还再次强调书记官须经普通文官法院书记官考试合格者才能任用,任命权由司法行政部统一行使,并且规定和分类更为细化。书记官的报名条件为:高级中学、旧制中学,或其他同等学校毕业有证书者;国内或国外专门以上学校修政治、法律、社会等学科1年至2年毕业有证书者;曾在司法机关服务3年以上者。考试及格后分配到基层审判机关进行学习,为学习书记官,期满转为候补,如有位缺再由司法行政部统一任用为书记官。[2]

书记官主掌记录口供,如有更改必须详细注明原因。每审讯完毕,必须当庭朗读,经当事人认诺无讹,签名画押始生法律上效力。笔录卷宗各页均须加盖骑缝官印及书记官私章,以防私改或伪造。卷宗保管、登册、归档均由书记官负责。案卷归档前,主办推检必须详慎审查一遍,签名负责。诉讼文件如传票、判决书等,均由书记官负责发出。存案证物须开付收据,结案后应发还者,发还本人。

3. 职员流动

1942年,璧山实验地方法院在成立之初"内部组织与普通

---

[1] 陈珣:《从省党部特派员到典狱长》,中国文史出版社2007年版,第98页。
[2] 侯欣一:《创制、运行及差异——民国时期西安地方法院研究》,商务印书馆2017年版,第101页。

法院并无二致，成立之始仅增设首席检察官及检察处主任书记官各一员，余均与前璧山地方法院相同。嗣系业务渐增，推事员额仅增设二人"[1]，推事共计5人，分别为孙建中、周建文、文学淑、李侠平、吴秉瑜，[2]由他们来负责全院案件的审理事务。璧山实验地方法院为国民政府所看重，与其他地方法院相比在人员设置上更加充足，该院经司法行政部批准后增设首席检察官1员，推事2员，主任书记官1员，书记官3员，候补书记官1员，录事6员，执达员1员，庭丁2名，公丁3名等。[3]

抗战期间，各级法院职员也有增加，但是增加人数不多，且多为书记官、庭丁、录事和执达员，法院职员的流动性较大，特别是推事和检察官。由于资料收集局限，笔者未找到璧山实验地方法院的人员流动资料，但可以从同期重庆地方法院的流动情况管窥，如1944年重庆地方法院到职52人，离职35人，1945年到职124人，离职26人。[4]除了正常的调迁，有些司法人员辞职去当了律师。针对案件积压、案多人少的情况，四川高等法院检察处曾发布《四川高等法院检察处关于通知各法院必要时得请调派检察官代理推事职务给璧山地方法院检察处的训令》，通知璧山实验地方法院检察官李士琦（兼行首席检察官职务）在

---

[1]《璧山实验地方法院一年来总述》，重庆市璧山区档案馆馆藏民国档案，档案号：12-1-996。
[2]《璧山实验地方法院1944年职员、主计人员薪俸表、警丁工饷表》，重庆市璧山区档案馆馆藏民国档案，档案号：12-1-813。
[3]《璧山实验地方法院关于奉准增设人员致璧山实验地方法院检察处的公函》，重庆市璧山区档案馆馆藏民国档案，档案号：12-1-832。
[4]《民国卅三年度重庆实验地方法院机关事业行政人员报告表：本年内离职人数、学历与出身》《民国卅四年度重庆实验地方法院机关事业行政人员报告表：本年内离职人数、学历与出身》，重庆市璧山区档案馆馆藏民国档案，档案号：0110-3-116。

必要时可以申请调派检察官代理推事职务，负责案件的审理工作。四川高等法院认为审检职务同样重要，但就案件数量而言，院方审案数量较检方为繁，而各院原有推事因多重原因大都难以满足案件审理的需要，并且还有因其他事故离院而导致职务空缺，遇有调遣而继任推事尚未到任等情况，所以案件往往因此积压，难以推动，为此，如果法院有上述情形，或案件积压较多，需要清理，法院可以就近于同院的检察官任选其一，并电请调充该检察官代理推事职务，借收互助促进之效，减少案件积压。[1]

五、经费状况

1. 职员薪俸

南京国民政府为了保障广大司法人员的日常生活，颁布了一系列法律法规，在法院职员的福利方面予以较为全面的照顾。首先，南京国民政府针对战区撤退司法人员薪俸发放手续烦琐的问题，决定将办事额外司法人员及战区撤退司法人员的薪俸改由国库定期发放。"查分发各省办事额外司法人员（候补推检、战区检察官），暨战区撤退司法人员（司法官、书记官、监所人员）薪俸，原由各该省高等法院先行垫发，取据呈部拨款列报。此项办法手续繁琐，亟应予以改善，兹经呈准行政院，自本年七月份起，改由国库径拨，各该高等法院领后，径报该管审计机关核销。"[2]

---

[1]《四川高等法院检察处关于通知各法院必要时得请调派检察官代理推事职务给璧山地方法院检察处的训令》，重庆市璧山区档案馆馆藏民国档案，档案号：12-1-832。
[2]《四川高等法院关于通知办事额外司法人员及战区撤退司法人员俸薪定期改由国库具报颁发给璧山实验地方法院的训令》，重庆市璧山区档案馆馆藏民国档案，档案号：12-1-92702。

其次，吸取上述候补司法官的教训，将分发人员的各项补助费提高到与额内人员同一水平，司法行政部在 1943 年 7 月 31 日发布命令，规定各项分发人员，除战区登记司法人员外，所支各项生活补助费，与司法人员同一待遇。并且从 1942 年 10 月开始，各额内司法人员，分别按照战时生活补助办法发给生活补助费，上项分发人员，自应一律照支。如果有分发正缺检察官、战区检察官、高考及格分发实习司法官、普考及格分发实习书记官、监狱官等人员，应与该额内职员同一待遇。除各项分发人员 1942 年 10 月至 12 月的食米代金应遵照本院 1943 年 5 月 18 日颁布的训令办理外，其上年生活补助费及薪俸加成数，如有尚未照增加数发给者，抑或已发一部分未发足者，限于文到 5 日内，按照相关规定予以补发。[1] 1944 年 5 月中央机关公务员生活补助费分区标准数目详见表 2-3。

表 2-3 1944 年 5 月中央机关公务员生活补助费分区标准数目[2]

地区	补助费	
	基本数/元	加成数
重庆	1500	50
昆明市	1800	60
洛阳县	1000	50
西京市	1100	50
兰州市	1000	50

---

[1]《四川高等法院关于提示分发人员各项补助费与额内人员相同及饬迅予补发各项分发人员生活补助费致璧山实验地方法院的代电》，重庆市璧山区档案馆馆藏民国档案，档案号：12-1-92702。

[2]《璧山实验地方法院关于抄发中央机关公务员生活补助费分区标准表给所属看守所的训令（附表）》，重庆市璧山区档案馆馆藏民国档案，档案号：12-1-941。

另外，针对公务员战时生活补助费调整后各地物价持续上涨，而原定数额用以维持公务员生活已感困难，亟应予以调整的问题，司法行政部参酌各地的物价情形，分别拟定了各个地区的生活补助费调整数目，并将加成数提升 3 至 4 倍，于 1944 年 11 月开始在全国范围内实行（表 2-4）。

表 2-4　1944 年 11 月调整中央机关公务员生活补助费分区标准数目[1]

地区	补助费	
	基本数/元	加成数
重庆	3500	150
昆明市	4000	200
洛阳县		
西京市	2000	120
兰州市	2000	120
桂林市		
成都市	3000	120
贵阳市	3000	120

按照上述司法行政部颁发的公务员生活补助费分区标准数目表，以重庆地方为例，某位公务员如果原来月薪为 200 元，则其可以在享受 3500 元生活补助费的同时，还可享受其月薪 15 倍即 3000 元的加成，再加上原来的 200 元月薪，最终每月拿到的薪金为 6700 元，全国其他地区以此类推。

最后，南京国民政府给予了较为优厚的福利待遇，例如公务员及其配偶、直系亲属住院时发给一定数额的医药补助费，

---

[1]《司法行政部关于抄发调整中央机关公务员战时生活补助费分区标准数目表给璧山实验地方法院的训令》，重庆市璧山区档案馆馆藏民国档案，档案号：12-1-843。

节省其开支。司法行政部针对公务员医药生育补助费在实行中存在的疑义予以了专门的解释，公务员直系亲属医药补助费，由主管长官查明确实酌予核给，并且应以随在任所之直系亲属为限。公务员请领直系亲属医药补助费由主管长官查明，按照规定斟酌办理。另外，《中央公务员医药生育补助办法补充规定》第4条中的"或有其他特殊情形"，指政府指定医院病床业已住满，至于该条所定的"中医治疗者"，指的是在政府注册并批准开业的中医师等。[1]

但是，由于物价高昂，而薪俸及各种补助较低，以致法院职员垫借公务员生活补助费来解决燃眉之急。例如璧山实验地方法院看守所曾呈请璧山实验地方法院能够垫借1944年1月、2月公务员生活补助费：

> 窃查本所公务员生活补助费，财政部向例稽迟拨付。本所院无他来挪垫，而员工生活又须垫发维持。此项生活补助费，上年度系由钧院垫借，已结奉拨归还。兹据发给生活补助费标准，造具本年元、二两月份清册各一份，计月需壹万贰千叁百玖拾捌元。[2]

从中可知，因为司法经费的问题，财政部时常不能按时向璧山实验地方法院看守所发放生活补助费，使得该所只能向其

---

[1]《司法行政部关于解释公务员医药生育补助费疑义给璧山实验地方法院的训令》，重庆市璧山区档案馆馆藏民国档案，档案号：12-1-843。

[2]《璧山实验地方法院看守所关于请准予垫借1944年1、2两月份公务员生活补助费上璧山实验地方法院的呈》，重庆市璧山区档案馆馆藏民国档案，档案号：12-1-941。

他机关借款垫发。同时，因为政府财政紧张，导致积欠公务员补助费用、粮食的问题频出。例如司法行政部总务司曾向璧山实验地方法院发文，提示其将积欠的员工米代金予以发放：

> 查本部，前因各省司法员工应领米代金积欠未发，送经本司朱司长与粮食部交涉，结果凡三十年（1941年）七至十二月份未送清册各机关之米代金，由本部向粮食部借款六百万元，先行垫发，已送清册，各处仍由粮食部继续清发。三十一年（1942年）一至九月份各机关欠发之米代金，则由本部先向粮食部借拨二千四百万元，按省分配于上年十二月十九日汇交，各该省高院查明转发，自三十一年（1942年）十月份起，至本年六月份止，所有各员工食米亦经粮食部依据本部估计米量，通饬各省粮政机关借拨，详细情形也由本司于三十一年（1942年）十二月二十一日函达。[1]

另外，四川高等法院亦曾因为经费短缺的问题，向粮食部商议垫发积欠的1943年7月到12月的食米：

> 案查贵省本年七至十二月份司法员之食米，业经本部函商粮食部，仍照原案继续垫发，并由本司朱司长前往交涉，已准粮食部三十二年（1943年）六月十日裕配字第四三四四一号代电，允予照案饬拨，当经本部电知，高等法

---

[1]《司法行政部总务司关于提示办理员工应领米代金积欠米发放工作注意事项致璧山实验地方法院的函》，重庆市璧山区档案馆馆藏民国档案，档案号：12-1-937。

院迳向当地粮食局洽办，一面录案并抄同本部原函，通令饬知各在案，倘此项令文尚未奉到，可持函先向当地粮食机关洽商垫借。[1]

除了上述频频拖欠补助的情形，在璧山实验地方法院给其所属看守所的训令中指明因为物价飞涨，法院财政不堪重负，让看守所自行筹垫警丁的生活费用。根据四川粮食管理局1941年所报送的各地米价日报表可知，除阆中一处，每一市斗售价达50多元，比较成都相差一半以上。所有该院第四分院、阆中地方法院及其看守所，自当年1月起警丁公役看守等的生活补助费应实为每人每月发给20元，其余各地米价每石均在4元以上，各该法院及其所属看守所暨监狱警丁工役看守等的生活补助费均实为每人每月发给25元以示体恤。但是由于近来物价上涨，资金匮乏，只得让各看守所自行筹集，以减轻财政负担，"上项应发各月生活补助费仍依照部定办法尽先在各机关俸给费结余内匀支为果，确系不敷，准由各该机关长及自行设法筹垫于年度终结列表，呈由本院转请动支第一项备金或追加预算，除分令外合行令仰遵照，有所属看守所等并转持遵照"[2]。

除此之外，地方司法机关在执行上述福利政策之时多有阻碍，办事效率低下，导致取得的效果大打折扣。例如《非常时期公务员生活办法暨其施行细则》自1941年8月施行以来，已达1

---

[1]《四川高等法院检察处关于提示司法员工1943年7月至12月份食米已商准粮食部转饬垫发给璧山实验地方法院检察处的训令》，重庆市璧山区档案馆馆藏民国档案，档案号：12-1-832。

[2]《璧山地方法院关于饬知警丁生活费各机关自行筹垫给所属看守所的训令》，重庆市璧山区档案馆馆藏民国档案，档案号：12-1-936。

年之久，但是依然存在许多的问题，使其窒碍难行。行政院针对上述问题，根据过去执行原办法的经验教训，拟定《公务员战时生活补助办法草案》，共计31条。该办法经过批准后，于1942年10月1日开始生效，旧法同时予以废止。但是，由于部分机关办事效率低下，直至同年12月4日，四川高等法院才将相关的文件命令下发给璧山实验地方法院，[1]临近陪都重庆的地方法院尚且如此，更何况远离国民党中央机关的偏远地区。

2. 办公经费

司法机构办公经费受国民政府财政状况的影响，也常常陷入困境，日常的办公经费难以满足。因此，各机关几乎都只能寅吃卯粮，最终不得不自筹经费，例如《四川省政府关于饬知1943年各县市（局）追加不敷经费案件一律改在1944年各县市地方预备金项下动支并饬自筹合法财源专案报请追加预备金给璧山县政府的训令》中展现出来的情况，1943年已过，而各县市依然请求追加1943年岁出各款，四川省政府于是下令于1944年6月15日以前将其一律并入1943年岁入岁出追加追减预算案内呈报，但是，期限届满之后仍有县市呈报，故四川省政府要求县市追加1943年不敷经费案件的一律改在1944年预算下申报。但1944年的地方预备金多数县市都已经提前预支，所剩无几，最后只得要求各机关自行筹备合法经费，追加预算金则需专案报请，以备支应。[2]

---

[1]《四川高等法院关于奉令转发公务员战时生活补助办法及发给细则给璧山实验地方法院的训令》，重庆市璧山区档案馆馆藏民国档案，档案号：12-1-937。
[2]《四川省政府关于饬知1943年各县市（局）追加不敷经费案件一律改在1944年各县市地方预备金项下动支并饬自筹合法财源专案报请追加预备金给璧山县政府的训令》，重庆市璧山区档案馆馆藏民国档案，档案号：12-1-80302。

同时，法院人员在办理案件时，也会遇到经费不足的问题。例如根据云阳地方法院检察官所上呈的报告书，该院人员在办理案件时经常遇到经费不足的情况，从而影响案件的勘验和办理。[1] 另外，法院院长掌管全院的财权，其中包括检察处的财政事务，故而常常出现院长克扣检察处办公经费的行为。例如1943年四川高等法院就办公经费如何分配专门发布过相关的训令，以期能够避免院长与首席检察官的矛盾。又如四川三合地方法院兼行首席检察官轩凤山呈报，其与该院院长就司法经费问题产生争议，该院院长不准超支勘验费，致使检察职务难以有效履行，司法行政部就此下发公文，对法院司法经费的分配问题予以解决。

> 查院检经费既已划分，应各就划分总额内，樽节开支，如有迫切用途，院方应酌量财力借垫，但此项开支如有超越，检方仍应自负其责，再本年度已有勘验拘提费溢支专款，可依法呈请动支，追加办公杂费预算。亦已另案饬知，可会商院方统筹支配。仰录案函知同院院长查照，并转饬知照。此令。等因，奉此。查现时物价翔贵，各级法院检察处办公杂费不敷开支，均有超溢，原系实情，奉令前因，追加办公杂费预算究竟为数若干、如何分配，除已函请本院院长查复，另令饬遵并分令外，合行令仰知照！[2]

---

[1]《四川高等法院检察处关于通知勘验案件经费不足提示处理办法给璧山实验地方法院检察处的训令》，重庆市璧山区档案馆馆藏民国档案，档案号：12-1-832。

[2]《四川高等法院检察处关于提示追加办公杂费预算应如何分配已转询给璧山实验地方法院检察处的训令》，重庆市璧山区档案馆馆藏民国档案，档案号：12-1-832。

但是，正如前述司法行政部所说的那样，物价上涨、司法经费短缺才是法院审检经费分配矛盾的根源所在，如不能彻底解决司法经费短缺的问题，上述司法行政部的处理办法只是扬汤止沸，难以从根源上予以解决。在财政紧张、司法经费短缺的情况之下，虽然南京国民政府采取了诸多措施来避免审检之间的财政纠纷，但时常因为各自立场的不同而引发院长与首席检察官之间的矛盾。"1939年湖北襄阳地方法院院长李棠与首席检察官田美棠为了借用法院收入款，互相谩骂，经书记官长和主任书记官等多方劝解，风波始息。"[1] 这些纠纷、不合都严重影响了法院职权的正常行使。

3. 基础设施

"司法经费既不充足，于是司法各种必要设备，势必因陋就简，以事敷衍。绝不敢骤为增设，以超过预算。"所以法院的各种设施并不完备，常受到经费不足的限制。首先，在大后方的法院因为受战争的侵袭而受到毁损，例如璧山实验地方法院的院舍因为经费有限，年久失修，在遭到日本飞机的轰炸后全部毁损。[2] "本院原有旧房改造，年久失修，且经二十九年（1940年）敌机轰炸以后，北部楼房业已全部焚毁，其附近各办公室瓦片及望板等亦均震坏，以前因经费困难未加修理。"[3] 并且因为当时法院空间有限，常将多个科室合在一处，其大大

---

[1] 常增益：《旧中国的地方法院》，载于中国人民政治协商会议全国委员会文史资料委员会编：《文史资料存稿选编》（政党·政府），中国文史出版社2002年版，第481页。

[2] 李浩儒：《司法制度的过去与将来》，转载于何勤华、李秀清主编：《民国法学论文精粹·诉讼法律篇》，法律出版社2004年版，第473页。

[3] 《璧山实验地方法院第二次工作报告》，重庆市璧山区档案馆馆藏民国档案，档案号：12-1-985。

影响了各科室的正常运转,"本院前以房屋不敷分配,从将缮状处开设于收发室内,办事其觉不便"[1]。

其次,当时政府为了减轻职员负担,专门设有职工食堂,但是因为经费缺乏,食堂在地方的建立困难重重。例如1943年,璧山实验地方法院看守所曾奉令筹备公共食堂,公共食堂锅碗等项必要费用及每月所需煤水等费得由公款开支,其以1942年、1943年所雇人员的煤水补助费(其中1942年、1943年每人每月补助费用为5元整、9元9角9分)作为公共食堂的开支费用。[2]但是,由于入不敷出,璧山实验地方法院看守所便曾发文恳请璧山实验地方法院垫拨其建设员工食堂所需的煤水费用。与此同时,由于法院经费有限,其尚不能支应全院员工福利的费用,更无余力来负担看守所建设食堂的支出。

> 查四川高等法院会字第一八一六号训令,指定员工福利的款,在院固为印花罚锾提成及缮状提奖等项。在该所则系粪水收入及其经费余额,并非以院款与所款合并开支。来呈请以本院收入拨与该所应用。殊为误解,且本院此二项收入极微,尚不足员工福利用款十之一二,更无拨付之余地,仰即遵照院令,另行计划呈候核转![3]

---

[1]《璧山实验地方法院关于人员调整、院舍修理及缮状处之充实等推进情形的第二次报告》,重庆市璧山区档案馆馆藏民国档案,档案号:12-1-1016。

[2]《璧山实验地方法院看守所关于恳请垫拨1942年煤水费上璧山实验地方法院的呈》,重庆市璧山区档案馆馆藏民国档案,档案号:12-1-1053。

[3]《璧山实验地方法院关于另行筹款设立员工福利社给璧山实验地方法院看守所的指令》,重庆市璧山区档案馆馆藏民国档案,档案号:12-1-1053。

最后，法院附属的看守所也因为经费的问题，导致基础设施的建设并不完善，严重影响犯人的身体健康，死亡率大增。例如军事委员会办公厅曾发文，命令各个监狱和看守所应注意卫生设备，并禁止看守人等虐待人犯，如有不法情事，尤应严密侦查依法惩办，务期弊绝风清，免滋物议。虽三令五申，但是现实的情况却是"各法院及警局看守所缺乏卫生设备，看守人员复百般虐待人犯以致人犯死亡率大增"[1]。为此，司法行政部也专门发布相关训令，命各个监所呈报人犯一览表、羁押实在人数及疾病人数表等，并严令各部门一面切实疏通监狱和看守所，注重卫生条件，一面注意改善给养及卫生医治条件，以重狱政，[2]以期能够杜绝上述现象的发生。

针对上述问题，国民政府司法行政部所拟订的改良监狱计划也多有提及。

其一，指出当时的监狱缺乏隔离病犯的意识，监狱之中缺乏病室的设置。新监狱多有病室，但是法院看守所及旧监所有病室者极少，抗战以来因军法犯及刑事特别法犯罪者较多，人犯无法隔离，极易传染疾病。[3]

其二，医药费不足以及医生薪金较低，并且新旧监狱人犯平均医药费差距极大。例如仅就监所预算医药与处亡费并列一项，每年每名人犯之平均数字如：1941年新监3.60元，旧监仅为

---

[1]《四川高等法院关于改善监所卫生设备及虐待人犯给璧山地方法院的训令》，重庆市璧山区档案馆藏民国档案，档案号：12-1-1005。
[2]《四川高等法院关于依法疏通监犯并注意改善给养给璧山地方法院的训令》，重庆市璧山区档案馆藏民国档案，档案号：12-1-1005。
[3]《司法行政部关于拟订改良监狱计划及饬遵办监狱卫生一项给璧山实验地方法院的训令》，重庆市璧山区档案馆藏民国档案，档案号：12-1-1005。

0.36元；1942年新监升至4.68元，旧监却为0.47元；1943年新监6.08元，而旧监为0.61元。新监狱的医药费用几乎是旧监狱的10倍之多。另外，就医生薪金而言，新监仅月支80元，旧监月支20至40元，工资较低。医术稍良者，多辞职另谋生路，关于此点预算亟应加以调整，并与处亡费分则规定，其医生待遇亦应提高。[1] 并且因为当时正值战争时期，医药以及医生缺乏，纵使提高监狱医生的待遇，也难以有在监狱专任医生之人。

其三，监狱清洁费用缺乏。

> 各监所经常预算难列，有修缮一目，但每年新监不遇百余元旧监亦仅七八十元，且因办公杂费不敷开支，多被流用以致粉饰墙壁油漆门窗，均视为不急之务，应各监所预算内规定清洁费一目，以俱此用得保持房屋之清洁，其因消毒洗澡及洗涤筷碗等所用之煤炭均可在此项下开支。[2]

为了能够保持监狱的清洁，而不得不将监狱其他项目的预算挪用。

其四，因为监狱财政预算紧缺，导致其各项设施的建设与完善窒碍难行。例如司法行政部1943年10月所拟订的改良监狱计划中"一之病室、三之锅炉、七之炊场、十之厕所、十三

---

[1]《司法行政部关于拟订改良监狱计划及饬遵办监狱卫生一项给璧山实验地方法院的训令》，重庆市璧山区档案馆馆藏民国档案，档案号：12-1-1005。

[2]《司法行政部关于拟订改良监狱计划及饬遵办监狱卫生一项给璧山实验地方法院的训令》，重庆市璧山区档案馆馆藏民国档案，档案号：12-1-1005。

之运动场、十四之浴池均"[1]的事项，如果照准实行，定能极大改善监所环境。但是，上述计划无一不与预算有关，而司法经费有限，难以及时、有效予以执行，必须待编订1944年度财政预算时将其列入其中，而经费的多少、是否够用亦难以有所保证。

但是，因为国民政府财政紧缺的问题，司法机关也只是颁布了各种规范的监狱改善措施，使得司法行政部鼓励各地法院效仿浙江永嘉地方法院的成例，积极向社会劝募人犯医药费。

> 令四川璧山实验地方法院院长、首席检察官查监所人犯医药费用之规定，为数甚少，本年度预算难列有溢支囚人用费专款，因色牯人犯衣被席扇医药处亡各费，一经分布亦属寥寥。事实上恐仍不敷支，应查浙江永嘉地方法院于民国二十九年间曾商由行政机关募集人犯医药费一次，现在该院看守所即不感医药费之缺乏，其他各监所仍可酌量仿形以资辅助。除分令外合行令仰遵照此令。[2]

六、案件情况

1. 案件总数

在动荡不安的社会和经济环境下，全面抗日战争时期大后方的秩序不稳、犯罪高发、纠纷不断，直接导致大后方各地法院收案率逐年上升。以重庆为例，重庆地方法院于1939年新收刑事案

---

[1]《司法行政部关于拟订改良监狱计划及饬遵办监狱卫生一项给璧山实验地方法院的训令》，重庆市璧山区档案馆馆藏民国档案，档案号：12-1-1005。
[2]《司法行政部关于劝募人犯医药费给璧山实验地方法院的训令》，重庆市璧山区档案馆馆藏民国档案，档案号：12-1-1005。

件（公诉部分）1688 件，旧受 42 件，计 1730 件，终结 1661 件，未结 69 件。[1] 从 1942—1945 年所受理的刑事案件数看，刑事案件数量增长迅速，1944 年、1945 年增长较快（表 2-5）。

表 2-5　1942—1945 年重庆地方法院受理刑事案件情况[2]

时间/年	类别	受理案件/件			终结案件/件	未结案件/件
		共计	旧受	新收		
1942	刑事	4353	98	4255	3804	549
1943	刑事	6133	549	5584	5872	261
1944	刑事	8684	261	8423	7282	1402
1945	刑事	11714	1402	10312	9840	1874

而从 1944 年璧山实验地方法院案件统计表来看，每月受理案件总数变化不大，月均 130 件，未结案率在 20% 左右（表 2-6）。

表 2-6　1944 年璧山实验地方法院案件数统计[3]

类型	时间											
	1月	2月	3月	4月	5月	6月	7月	8月	9月	10月	11月	12月
受理/件	111	102	133	128	148	114	121	140	126	147	150	140
已结/件	91	76	106	97	127	98	95	115	103	114	119	107
未结/件	20	26	27	31	21	16	26	25	23	33	31	33

---

[1] 司法行政部统计室编：《民国二十六七八年年度司法统计》（上），司法行政部统计室 1940 年版，第 44 页。
[2] 详见重庆地方法院 1942—1945 年各年度司法统计报表，重庆市璧山区档案馆馆藏民国档案，档案号分别为：0110-3-112、0110-3-116、0110-3-109。
[3] 该表数据是根据璧山实验地方法院检察处向司法行政部呈报的 1944 年 1 月至 12 月的工作报告得出的，重庆市璧山区档案馆馆藏民国档案，档案号：12-1-649。

2. 案件类型

从受理按铃申告案件各月罪名比较表可以看出，申告铃设置以来，处理最多的案件类型是伤害，有107例，其次是窃盗，有12例，再次是妨害自由，有10例，其他如杀人、妨害婚姻与家庭、侵占、遗弃、妨害风俗、妨害公务、赃物、抢夺、妨害兵役、毁损、诈欺等罪名处理得零零散散，屈指可数（表2-7）。

表2-7 璧山实验地方法院受理按铃申告案件各月罪名比较[1]

（1942年10月至1943年4月）

月份\罪名件数	侵占	窃盗	妨害自由	遗弃	伤害	杀人	妨害婚姻及家庭	妨害风俗	诬告	妨害公务	赃物	抢夺	妨害兵役	毁损	诈欺	合计
1942年10月			2		4	1					1				1	9
1942年11月	2	1	6		22	1									1	33
1942年12月			1	1	20							1	1			24
1943年1月		2			12	1	1		2	1		1				20
1943年2月		3			14	1	1	1								21
1943年3月		5	1	1	11	3	3									25
1943年4月		1			24				1	1						27
总计	2	12	10	2	107	7	5	1	3	1	1	2	1		4	159

再以1945年附带民事诉讼案件为例，其中赔偿损失案件数量最多，有129件，其中判决占了大多数，是和解案件数量的5倍余，是撤回案件数量的9倍多，由此可见在附带民事诉讼中

---

[1]《四川璧山实验地方法院检察处设置申告铃以来受理按铃申告案件各月份罪名比较表》，重庆市璧山区档案馆馆藏民国档案，档案号：12-1-996。该表内容和格式与原文一致。

占据主动地位的还是法院（表 2-8）。

表 2-8　1945 年璧山实验地方法院附带民事诉讼案件报告[1]

标的类别	受理案件			结案方式						备考
	共计	旧受	新收	共计	判决	和解	撤回	移送民产	其他	7
还赃还物	55	6	49	48	30			18		8
赔偿损失	129	13	116	121	93	18	10			4
恢复名誉	30	2	28	26	15	4	3	4		5
其他	24	3	21	19	2	1	1	15		24
总计	238	24	214	214	140	23	14	37		

3. 结案方式

从 1943 年 11 月璧山实验地方法院办案人员办理案件调查表来看，民事案件以判决形式结案的占 30% 左右，刑事案件以判决形式结案的占 50% 左右，而和解结案的比例仅为 1.4% 左右（表 2-9）。

表 2-9　璧山实验地方法院 1943 年 11 月办理案件终结件数[2]

类别	总计	判决	裁定	和解	成立	不成立	缓起诉	起诉	不起诉	撤回	其他
民事庭	80	27	3	2		6				4	38
	73	19		3		5				1	45
刑事庭	73	38								17	18
	70	34		2						3	31

4. 终结经过期间

简化诉讼程序的各项措施在璧山实验地方法院的改革试验

---

[1]《1945 年第一审刑事案件总报告》，重庆市璧山区档案馆馆藏民国档案，档案号：12-1-606。该表内容和格式与原文一致。

[2]《璧山实验地方法院关于报送 1943 年 12 月份各种统计月报表上四川高等法院、司法行政部的呈》，重庆市璧山区档案馆馆藏民国档案，档案号：12-1-102502。该表内容和格式与原文一致。

中取得了一定的成效，民事案件共有 2573 件，其中已经完结的有 2315 件，89.9% 的案件在当年完结，其中用不足一月时间就审结的案件有 2070 件，占到所有民事一审案件的 80.5%；一月以上三月未满的案件有 235 件，占所有民事一审案件的 9.1%；三月以上六月未满的案件有 10 件，占所有民事一审案件的 0.3%。[1]

1945 年共有刑事一审案件 1631 件，当年完结的有 1284 件，78.7% 的案件在当年完结，所有案件中不足一月完结的有 683 件，占所有刑事一审案件的 41.9%；一月以上三月未满的案件有 586 件，占所有刑事一审案件的 35.9%；三月以上六月未满的案件有 15 件，只占到所有刑事一审案件的 0.9%。由此可以看出，当时璧山实验地方法院大部分民事案件和相当一部分刑事案件都在一月之内审结，其效率可见一斑。[2]

5. 案件积压问题

1937—1939 年，重庆、四川地区民事案件一审法院受理但未结案的案件数量总计 1834 件，二审法院未结案件总计 3648 件，三审法院未结案件总计 1429 件；刑事案件一审法院未结案件总计 2002 件，二审法院未结案件总计 1936 件，三审法院未结案件总计 1744 件。由此可见，案件积压问题已经非常严重，1942 年璧山实验地方法院正式建立，有效地缓解了案件积压情况。

从表 2-10 我们可以看出，1942 年 5 月至 8 月民事未结案

---

[1]《1945 年第一审民事案件总报告》，重庆市璧山区档案馆馆藏民国档案，档案号：12-1-606。

[2]《1945 年第一审刑事案件总报告》，重庆市璧山区档案馆馆藏民国档案，档案号：12-1-606。

件基本维持在每月 120 件以下，刑事未结案件更是减少至每月 40 件以下。相对于 1942 年以前的未结案件量而言，1942 年未结案件数量可以说是大幅减少。不管是民事案件还是刑事案件，都在解决新收案件的基础上对于之前的积压案件进行了处理。自 1942 年 5 月 1 日四川璧山地方法院正式改组为璧山实验地方法院以来，仅 4 个月就获得了如此成效。

表 2 - 10　璧山实验地方法院民国三十一年（1942）
5 月至 8 月民刑诉讼案件收结概况[1]

民事案件	旧收	新收	已结	未结
5 月	134	146	172	108
6 月	208	112	121	99
7 月	99	158	158	100
8 月	100	120	120	120
刑事案件	旧收	新收	已结	未结
5 月	62	75	99	38
6 月	38	43	60	21
7 月	21	43	48	16
8 月	16	52	34	34

除此之外，我们还可以从璧山地方法院和璧山实验地方法院的同月民事未结案件对比，更直观地了解璧山实验地方法院设立以后对解决纠纷、减少案件积压的作用（表 2 - 11）。

---

[1]《璧山实验地方法院民国三十一年（1942）5 月至 8 月民刑诉讼收结一览表》，重庆市璧山区档案馆馆藏民国档案，档案号：12 - 1 - 1121。该表内容和格式与原文一致。

表 2-11 璧山地方法院与璧山实验地方法院民事未结案件对比[1]

时间		机关	
		璧山地方法院	璧山实验地方法院
1942 年	5 月	160	168
	6 月	192	79
	7 月	219	100
	8 月	196	120
	9 月	196	153
	10 月	259	162
	11 月	224	128
	12 月	173	85
1943 年	1 月	172	76
	2 月	190	63
	3 月	167	68
	4 月	171	59

除了 1942 年璧山实验地方法院成立之初的 5 月份稍微比璧山地方法院多几件未结案件，后续都呈现出未结案件相对减少的情况，甚至在 1943 年 2 月达到了三倍之差。这直观地说明了璧山实验地方法院案件积压相对减少，侧面反映了大部分纠纷已经得到有效解决。

---

[1]《璧山实验地方法院一年来总述》，重庆市璧山区档案馆馆藏民国档案，档案号：12-1-996。该表内容和格式与原文一致。

七、院务革新

1. 司法行政事务

（1）制定"院检联席会议制度"

首先，针对法检互不隶属，相互对立，严重影响办事效率的问题，璧山实验地方法院制定了"院检联席会议制度"。

> 按法院组织法之规定，法院内部分审判与检查两部分，各置首长形成对立，而因彼此立场不同，双方意见自难尽趋一，致过去各法院之时起摩擦者深以此然，如能抛弃偏见，相见以诚，遇事随时讨论，此种缺陷尚非无可避免。本院既以实验法规为主旨，受将院检双方所有行政会议、业务检讨会议、学术研究会议，均自本年四月起按期联合举行，以期讲通意见，通力合作，以扫除院检摩擦之弊端。[1]

院内各种事务在联席会议之中都由院检双方商议解决，以此来消除双方矛盾，提高办事效率。

（2）厉行分层负责办事制度

"分层负责可以提高工作兴趣，增加行政效率，已为社会人士所公认。本院成立以来，对于行政事务至规划整理虽不断努力改进，但于若干方面因权责未清，仍有未能尽善尽美之

---

[1]《璧山实验地方法院关于选报1943年1至4月份工作报告上司法行政部的呈》，重庆市璧山区档案馆馆藏民国档案，档案号：12-1-1010。

感。"[1] 璧山实验地方法院为了提高法院的行政效率，于1943年对此制度又进行了丰富和发展。

> 因于本年四月起，彻底实行分层负责，对于各层行政事务之权责均有详明之规定，由各该主管人员负监督考核之责。例如院长之于推事、书记官长，首席检察官之于检察官、主任书记官，推事、检察官、书记官长、主任书记官之于书记官，书记官之于录事司、法助理员等工作及公私生活均负责监督与考核之责是。[2]

通过完善的监督机制，来保证法院的各司法人员能够依法按时履行其职责，并以严密的考评制度来激发司法人员的工作热情，从而促进司法效率的提高。

2. 监所事务

（1）成立监所改进委员会

璧山实验地方法院系旧仓库改建，"地烑锥属适中，而狭小破败，亟待修理"，因为璧山没有公司和技艺高超的工匠可以"仿工承揽"，加上看守所长不愿担责，改建计划毫无头绪。遂于1943年9月成立"监所改进委员会"，"由院长、首席检察官、书记官长、主任书记官及所长担任委员"，决定在西门外勘定新址定为监狱地点，看守所房屋估工重修预算由专案呈部复核。

---

[1]《璧山实验地方法院关于造报1943年1至4月份工作报告上司法行政部的呈》，重庆市璧山区档案馆馆藏民国档案，档案号：12-1-1010。

[2]《璧山实验地方法院关于造报1943年1至4月份工作报告上司法行政部的呈》，重庆市璧山区档案馆馆藏民国档案，档案号：12-1-1010。

(2) 实行补习教育

璧山实验地方法院认为"监所人犯作业与教诲应同时并重",与国立社会教育学院商定该所教育补习办法、教育科目及教育时间。《璧山实验地方法院看守所羁押人教育补习班办法》[1]于1944年颁布施行,其初衷为"增进看守所监狱羁押人学识及减少文盲",针对的对象为"监所羁押人未受初中教育及不识文字者无论已决未决人犯"。由国立社会教育学院指定相当程度学生担任补习教育讲师,且前项讲师为家务职,不涨薪金不备膳宿。补习教育分集体补习、个别补习两种,"由讲师酌量分配"。其时间以二小时为度,每日上午七时至下午五时,由讲师与看守所所长共同商定。补习应用课本"由社教学院呈请教育部发给笔记本,纸笔由本人自备",无力购置者由监所供给。补习时长依学生而定,但四个月为一期,每一个月测验一次。补习班课程安排见表2-12。

表2-12 璧山实验地方法院监所羁押人教育补习班课程表[2]

时间\课程\星期	一	二	三	四	五
6时—6时50分	纪念周	公民	常识	公民	公民
7时—7时50分	常识	音乐	公民	音乐	常识

注:1. 常识包括卫生、时事报告等;2. 公民包括抗战建国、党员守则、新生活等。

---

[1]《璧山实验地方法院关于令发羁押人教育补习班办法给所属看守所的训令》,重庆市璧山区档案馆馆藏民国档案,档案号:12-1-900。
[2]《璧山实验地方法院关于令发羁押人教育补习班办法给所属看守所的训令》,重庆市璧山区档案馆馆藏民国档案,档案号:12-1-900。该表内容和格式与原文一致。

补习教育第一期于 1944 年 3 月 6 日开始,"每课一人主教"施行以来,成绩良好。于同年 6 月 2 日结束,"累各同学教导有方,循循善诱,使每一人犯性格恬和而诚挚,耻犯罪而乐于为善",全体人犯对同学感谢不已,效果良好,并于 7 月 1 日实施第二期计划,"教材用具敝所已有具体计划",需推广委员会原同学仍担任教师职位,共同讨论。

(3) 颁发监所训词,张贴以示警醒

训词两份,甲份主要内容为"人非圣贤,孰能无过。过而能改,善莫大为",其含义概为"悟已往之不谏,知来者之可追",过去犯错,无所弥补,反思过错,改过自新。乙份为"刑事被告人亦不得免有嫌疑不足而被羁押者,望在所中反观内省,自责自讼,自怨自艾,以收动心忍性,增益不能之功",是非未出时,需振作精神,以防消极,趋于堕落。[1]

四川高等法院训词(甲)

人非圣贤,孰能无过。过而能改,善莫大为。改过之道,先之以悔,继之以劳,说文于悔字,释之曰恨也,段氏申之曰,自恨之意。程子于行寡悔,悔字,谓理之自内出者也。曰自内出,亦自恨之意。在监人果能自恨,则凡事自责,不稍宽假,悟已往之不谏,知来者之可追。于是勤于作业,藉以习劳。劳则思,思则善心生,自将惕励奋发,日迁于善而不知为之者。

有教诲之责者,对于在监人,尤当因其一念之善,启

---

[1]《璧山实验地方法院关于令发羁押人教育补习班办法给所属看守所的训令》,重庆市璧山区档案馆馆藏民国档案,档案号:12-1-900。

其自新之机。并以身教，作人师，是所厚望。

四川高等法院训词（乙）

古有非其罪而在缧绁之中者，令刑事被告人亦不得免有嫌疑不足而被羁押者，望在所中反观内省，自责自讼，自怨自艾，以收动心忍性，增益不能之功。

曾子曰：吾日三省吾身，为人谋而不忠乎？与朋友交而不信乎？传不习乎？孟子曰：爱人不亲反其仁；治人不治反其智；礼人不答反其敬；行有不得者，皆反求诸己。被告人如能朝夕对此数语，口诵心维，自必大有进益。一旦释出，不惟不怨告发人或告诉人，并将衷心感其玉成之德。即处罪行，亦心安而理得，庶无怨天尤人之情。

尤有进者，当是非未明之际，切需振作志气。抑制感情，以防因此消极，趋于堕落，所长即所属职员待遇被告，亦须保其羞恶之心，指以光明之途，是所厚望。

3. 其他事务

（1）整饬风纪

璧山实验地方法院认为"整齐、清洁、简单、朴素、迅速、切实为新生活运动最低要求，法院为人民观瞻所紧，尤非整洁不足以促起人民之信仰。自1943年4月以来根据上述标准，积极调整，并制作木牌精制后开标语，以期触目警心一致遵行"[1]。如：

---

[1]《璧山实验地方法院关于造报1943年1至4月份工作报告上司法行政部的呈》，重庆市璧山区档案馆馆藏民国档案，档案号：12-1-1010。

要司法与行政军事配合一致向抗战连或大道推进要负起中国收回领事裁判权以后的司法的新任务；去除官僚习气，提高服务精神；公正可以避免日后纠纷，登记可以确定私人权利；审判要迅速周妥，侦查要慎重敢审；制而用之存乎法，推而行之存乎人；解除人民纠纷，安定后方秩序；厉行职权检举，注意实地调查；解除人民痛苦，肃清贪官污吏；缠讼徒滋拖累，和解可息纠纷；协助人民自治，维持审判公平；减轻人民讼累，彻底革除陋规；完成革命司法，发扬法治精神；诉讼程序力求简便，审判执行力求迅速。[1]

借此希望法院人员能够遵照执行，从而在老百姓心中树立良好的形象。

（2）改革薪俸

在法院职员薪俸方面，待遇较低，再加上通货膨胀的影响，甚至难以满足法院职员及其家属的日常生活需要。针对抗战时期大后方物价飞涨、法院职员薪俸福利偏低的问题，蒋耀祖认为，"此外检察官之待遇，应予改善，若仍如现状，生活既不能安定，必影响办事之精神，故待遇必须提高，既养其廉，亦所以使其忠于职守耳"[2]。另外，璧山实验地方法院在其院检联席会议中也认识到了提高员工福利待遇的重要性。

---

[1] 《璧山实验地方法院关于造报1943年1至4月份工作报告上司法行政部的呈》，重庆市璧山区档案馆馆藏民国档案，档案号：12-1-1010。

[2] 蒋耀祖：《现行检查制度之回顾与前瞻》，重庆市璧山区档案馆馆藏民国档案，档案号：12-1-853。

公务员在非常时期为国家服务，原属国民天职。在同仁立场，应该只知尽职，不注意福利问题。但长官立场，则要注意员工家属如何安置，身体如何健康，如何使其安心工作。因为家无箪食，饭不饱腹，衣不蔽体，则心不能安，心不安则不能专心致力于工作，则无效率可言。当局以非常时期物价波动，一再增加津贴，以维持员工生活，即是此意。故待于各级长官特别设法，本人深知法界同仁苦状。自到院以来，首即改组公共食堂，将储运仓库欠发上年十月至十二月份平价米交涉，改由城内领取，减少大家万元负担。并将各位已经借支米代金，一律收回，改发食物，本年一至六月份亦同样办理。适值米价高涨，各同事经济上得获较巨之利益。此固本人分内应办之事，亦各位周知者，不再多述。兹所欲言者，本院虽得动久留院法收以补办公杂费之不足，但除日常办公必需开支外，所有较巨之开支，如制服、修房、添置家具、开纪念会等用费，仍是专案呈准。关于员工福利事项，除缮状费提成外，并不能动支公款。各位不司其事，不知其详，此应报告者一也。但是，一方面是为便于办公，一方面亦共同事有利益，即可因此而减少同仁支出者，则尚可酌量经济力量予以设法，数月来可以报告者如上述五项。虽在各位所受利益甚微，而公家支出经费已有相当数额。总之，本人对国家公款不能无代价而为支付，必有利公家，而又不违背节约原则，方能办理，此应报告周知者二也。嗣后在此原则之下，

第二章　璧山实验地方法院 | 081

自当随时注意，诸位可以安心办事，不必顾虑。[1]

为此，在璧山实验地方法院存续期间施行了一系列措施[2]，以此解除员警的后顾之忧，使其能专心工作。

---

[1]《璧山实验地方法院财政报告》，重庆市璧山区档案馆馆藏民国档案，档案号：12-1-951。
[2]《超收法收留用办法及员工福利分配预算》，重庆市璧山区档案馆馆藏民国档案，档案号：12-1-927。"均部会字第七一零八号发超收法收留用办法尾开重庆璧山两实验法院均参酌办理谨参照拟定办法如左：一、本院超收法收除弥补办公杂费外按十成分配，以四成充员工福利费用，六成充特种事业费用。二、本院年度一至九月超收法收除拨补办公杂费外，计存八十六万一千三百八十六元九七分，依上述办法员工福利款四成计为三十四万四千五百五十四元七九分，其余六成为五十一万六千八百三十二元一八分均未动用，核查本院员工福利费用已往仅有缮食费，提成一项每月最多不过六十元左右。因之对于均部贴菜蔬等费尚未实到办理，拟将福利费四成应支之款目尽发以上各购发呢衣料一套、录事司法助理员各经布棉大衣一件、至其他补助费用即不再补发，如有余额即归入下月开支，以后员工别服在经费项下开支。"同时根据附带的1944年璧山实验地方法院员工福利预算分配表，可知璧山实验地方法院员工的具体福利待遇，"院长、首席推事检查发会计统计员蔬菜补助金：全年每月为322元，合计3622元，总计6482元，每人每月月均分配数为542元。录事司法助理员、检察员蔬菜补助金：全年每月222元，合计2642元，总计5522元，每人每月月均分配数为462元。卫警庭丁公役蔬菜补助金：全年每月152元，合计1822元，总计4682元，每人每月平均分配数为392元。以下各项员工均相同：肥皂：每人奇数月52元，每人合计322元。毛巾：每人在二月、五月、八月、十一月各领取162元，合计642元。理发：每人每月领取42元，合计482元。洗澡：每人从一至五月和十至十二月每月领取82元，合计642元。寿险：每人在九月领取122元，合计122元。"

第三章
实体依据与程序规范

南京国民政府成立之后，在继承清末、北洋政府时期法制成果的基础上，开展了一系列立法活动，在数年的时间内相继制定了宪法、民法、民事诉讼法、刑法以及刑事诉讼法等法律法规，形成了法律部门较为齐全、司法体系日益完备的"六法体系"，[1]由此奠定了南京国民政府司法运行的法律基础。抗战全面爆发之后，我国大片国土沦陷，国家和人民深受战火袭扰，国家局势发生剧烈变化，战前所颁布的法律在战时多难以适用，为适应抗战需要，颁布新法便成为必须。[2]为此南京国民政府颁布了多部特别法，以服务"抗战建国"的目标。

司法审判活动与法律规范密不可分，司法机关按照法律的规定，在法律的授权范围内依照相关程序进行司法活动，如此司法机关作出的裁判才具有法律效力，才能为人们所信服，才有助于依法治国目标的真正实现。"法律是现代型法院审判制度的根本依据，依法审判为现代型法院制度之基本特征。"[3]一项制度无论多么优良、多么符合时代发展潮流，如果与本国现行法律相违背、于法无据，那就难以充分发挥其效力，甚至起到事与愿违的效果。通过探讨璧山实验地方法院司法审判依据，一方面可以对司法改革期间社会中存在的质疑作出回应；另一方面可以简要总结南京国民政府时期立法工作的成败得失，为我国当今司法改革提供有益经验。

---

[1] 参见公丕祥：《近代中国的司法发展》，法律出版社2014年版，第9页。
[2] 参见孙科：《抗战四年来之立法》，转载于军事委员会政治部：《抗战四年》，军事委员会政治部1941年版，第31页。
[3] 左为民、周长军：《变迁与改革——法院制度现代化研究》，法律出版社2000年版，第58页。

一、基本法

1. 宪法

宪法是国家一切政治生活的重要法律依据，具有最高的法律效力，一切法律尽皆由其产生。南京国民政府成立之后，为维护其统治地位，在其统治时期曾先后颁布了三部宪法性文件，分别为1928年的《训政纲领》、1931年的《训政时期约法》以及1947年的《中华民国宪法》。这三部宪法性法律都对当时的司法审判活动作出相关规定。例如《训政纲领》第4条明文规定："治权之行政、立法、司法、考试、监察五项，付托于国民政府总揽而执行之，以立宪政时期民选政府之基础。"[1] 之后，南京国民政府又制定了《国民政府组织法》，南京国民政府设立行政院、司法院、立法院、监察院、考试院，其中司法院为南京国民政府最高司法机关，主要掌管司法审判、司法行政、官吏惩戒以及行政审判等诸多事项。[2] 根据南京国民政府在1932年颁布的《法院组织法》的规定，司法院下辖最高法院、高等法院及其分院、地方法院及其分院、县司法处，由其负责诉讼案件的审理工作。以此明确司法院以及各级司法机关的审判权，使得各级司法机关在司法活动中有法可依，避免其他机关或者个人干扰司法活动。

2. 民事法律依据

（1）民法

民法是规范人们日常生产、生活的重要法律，对于维护社

---

[1]《训政纲领》，《革命法学》1928年第1期，第16页。
[2] 参见《中华民国国民政府组织法》，《铁路公报：平绥线》1928年第17期，第48—50页。

会秩序具有巨大的作用，自近代以来，民法在人们的生活之中便占据着重要的地位。但是，由于中国古代对公民个人权利的漠视，民众间的民事纠纷并未受到统治者的重视，并未制定单行的民事法律，对于普通的民事纠纷一律予以刑事处罚。[1]直至清末司法改革方才引进西方的法律制度，着手民法典的编纂工作。清政府参酌古今中外之制度，以"注重世界最普通之原则""后出最精确之法理""寻求最适合中国民情之法则""期于改进上最有利益之法则"为指导原则，[2]编纂了《大清民律草案》。该草案共分为总则、债权、物权、亲属和继承五编，各编之间存在着许多风格上的差异，许多条款既不现代，也不传统，甚至有些不伦不类。[3]

由于时局动荡不安，《大清民律草案》尚未付诸施行便遭废除，在南京国民政府成立之初，亦无统一适用的民法典，直到1929年南京国民政府方才制定颁布中国历史上第一部民法典——《中华民国民法典》。[4]南京国民政府所制定的民法典依然延续了此前的五编体例，共计1223条，相较《大清民律草案》的1596条，条目大为减少，体现了南京国民政府民法典立法技术的巨大进步。[5]针对上述《大清民律草案》的缺点，南京国民政府在引进西方各国先进民法成果的同时，更加注重中

---

[1] 参见王志华：《论民法典的革命性——制定中国民法典的时代意义》，《中国政法大学学报》2016年第5期，第92—93页。

[2] 参见张晋藩：《晚清制定民法典的始末及史鉴意义》，《法律科学》（西北政法大学学报）2018年第4期，第17—18页。

[3] 参见张生：《中国近代民法法典化研究》，中国政法大学出版社2004年版，第87—89页。

[4] 参见叶孝信：《中国民法史》，上海人民出版社1993年版，第605页。

[5] 参见陈新宇、陈煜等：《中国近代法律史讲义》，九州出版社2016年版，第229页。

国的实际国情,在民法典中保留了部分优良的法律传统,例如民法典第三编中关于典权的相关规定,体现了一定的中国特色。"大清民律草案拾日本人牙慧,以质代典;民初之民法草案亦仅以典权为不动产质权,均与质权、抵押权等量齐观,泪没其用益物权之性质,与吾国惯例乖违;现行民法以专章规定我国固有之典权,保持优良之传统。"[1]

(2) 民事诉讼法

南京国民政府成立之后,在继承清末司法改革以来民事审判制度所取得成果的基础上,以北洋政府时期颁布的《民事诉讼条例》为重要蓝本,参酌西方国家先进的法律成果和中国的实际国情,于 1931 年 12 月至 1932 年 2 月陆续向社会公布了《民事诉讼法》全文。该法分为总则、第一审程序、上诉审程序、再审程序和特别诉讼程序五编,共计 600 条。此后,南京国民政府对民事诉讼法进行了修正,于 1934 年 4 月由司法行政部拟定相关草案,并先后交行政院、立法院审核。立法院自 1934 年 7 月至 11 月,历经数十次会议讨论、斟酌,在第三届立法院第 85 次会议中顺利通过了民事诉讼法修正案,并于 1935 年 2 月正式向社会公布。1935 年颁布的《民事诉讼法》在体例上与第一部相比大为不同,其主要分为总则、第一审程序、上诉审程序、抗告程序、再审程序、督促程序、保全程序、公示催告程序以及人事诉讼程序。但是,这部民事诉讼法典因为过于重视诉讼效率,而忽视了诉讼当事人的诉讼权利,集中表现

---

[1] 潘维和:《中国近代民法史》,台湾汉林出版社 1982 年版,第 137—138 页。

为"一告九不理"[1]原则。我国当时的普通民众文化水平低下，现代法律知识更是缺乏，而上述民事诉讼法要求过于严苛，非有精通法律者难以成功提起诉讼，加之大部分民众生活贫困，难以支付律师费用，最终导致部分民众的权利难以得到法律的维护。

（3）其他民事法律

除此之外，南京国民政府还陆续颁布了其他民事配套法律，以便利民法和民事诉讼法的施行。例如南京国民政府按照惯例，在1935年颁布新民事诉讼法后，又于同年5月公布了《民事诉讼法施行法》，对新民事诉讼法施行前后因为新旧两法的不同而所产生的问题予以规范解决，并决定在该年7月1日与新民事诉讼法一并施行。另外，南京国民政府还先后公布了《票据法》（1929年10月30日）、《公司法》（1929年12月3日）、《民事调解法》（1930年1月20日）、《办理民事诉讼案件应行注意事项》（1935年8月25日）等一系列民事特别法律，从而构筑起较为完备的民事法律体系。

3. 刑事法律依据

（1）刑法

民国初建，北京政府根据临时大总统袁世凯的命令，以清政府颁布的《钦定大清刑律》为基础，并对其中与民国国体相抵触的条文进行删改，于1912年4月30日公布施行民国时期第一部刑法典《暂行新刑律》。该刑法典分总则、分则两编，共52章392条。其中总则共17章，分别为法例、不为罪、未

---

[1] 分别为管辖不合不受理、当事人不适格不受理、未经合法代理不受理、书状不合程式不受理、不缴诉讼费不受理、一事不受理、不告不受理、已成和解者不受理、上诉非以违背法律为理由者，第三审不受理。

遂罪、累犯罪、俱发罪、共犯罪、刑名、宥减、自首、酌减、加减例、缓刑、假释、恩赦、时效、时例以及文例。

南京国民政府建立之初，因为新的刑法典尚未颁行，国民党中央决议在新法颁行之前，除《暂行新刑律》中与中国国民党党纲、三民主义或南京国民政府颁行的法令相抵触的内容外，其余内容依然适用。但是，由于《暂行新刑律》赋予了法官较多自由裁量权，导致量刑较为宽泛，刑罚轻重不一，有违司法公平，加之其与当时的国际通例和中国实际不相符，收效甚微。据此，南京国民政府司法部长王宠惠受命开始修订新的刑法典。王宠惠以北洋政府时期拟定的《改定刑法第二草案》为重要蓝本，斟酌损益，编订成新的刑法草案，之后交由王世杰、于右任、伍朝枢等人详加审查，于1928年中国国民党中央常务委员会第120次会议通过了这一刑法草案，即《中华民国刑法》。该部刑法与《暂行新刑律》相似，分为总则和分则两编，共计48章387条。其中分则分为14章，包括法例、文例、时例、刑事责任及刑之减免、未遂罪、共犯、刑名、累犯、并和论罪、刑之酌科、加减刑、缓刑、假释以及时效。从整体上来看，《中华民国刑法》与《暂行新刑律》相比，只有少量的变动，与国民党党纲或三民主义相违背的条款皆被删除，例如《暂行新刑律》第224条规定工人同谋进行罢工者，首犯处以四等以下有期徒刑，其与国民党党纲之中保护农工的精神不符，被《中华民国刑法》所舍弃。除了上述少部分的变动，其余部分尽皆承继北洋政府时期颁布的《刑法第二次修正案》。

南京国民政府于1928年颁布的《中华民国刑法》承继之前的法典和刑法草案，较之前更为进步和完善。但是，因为立法较为仓促，该部刑法典依然存在许多问题，例如1928年之刑法典并未规定短期自由刑可以易科罚金,故导致监狱中轻微刑事罪犯人满为患。[1] 另外,刑法典颁布后各种特别刑事法令依然继续有效并层出叠见,法律适用极易产生问题。为实现刑事法律间的协调划一,刘守中和戴传贤等人先后提出了《划一刑法案》和《划一刑法补充办法案》,国民党据此在1932年4月的中央政治会议第28次临时会议中决定将《惩治土豪劣绅条例》《贩运人口出国治罪条例》《惩治绑匪条例》《暂行特种刑事诬告治罪法》等特别刑事法令废除。但值得注意的是,该做法并未很好地解决上述问题,各种特别刑事法令迭有颁布的现象亦未得到有效控制,甚至有愈演愈烈之象。[2] 加之国民党为了维护其独裁统治、镇压中国共产党领导的革命运动,于1931年12月指定史尚宽等立法委员组成刑法起草委员会,负责刑法修正案的编制工作。该刑法起草委员会在听取司法行政部、各级法院、各省律师公会意见的基础上,先后赴全国各地调查司法状况,并征求相关意见,刑法起草委员会以此为基础于1933年12月完成了刑法修正案草案。为进一步完善立法,刑法起草委员会又将该草案分别刊印送各级法院、法学期刊、高校、学者、律师等,进一步收集各方意见,立法院亦邀请有关专家学者,对该草案详加研究。刑法起草委员会经过多次的调研和意见征询,并以上述意见为基础,对刑法草案予以进一步加工完善,历时近三年,最终于1934年11月经立法院决议通过新刑法,并于1935年1月1日正式向社会公布。

---

[1] 参见陈新宇、陈煜等:《中国近代法律史讲义》,九州出版社2016年版,第134页。
[2] 参见公丕祥:《近代中国的司法发展》,法律出版社2014年版,第407页。

这部《中华民国刑法》依然采用总则和分则两编的体例结构，共47章357条。其中，1935年刑法典总则分为12章，包括法例、刑事责任、未遂犯、正犯与共犯、刑、累犯、数罪并罚、刑之酌科及加减、缓刑、假释、时效以及保安处分，与1928年刑法典相比不仅条款有所减少，而且条文更为凝练。与1928年刑法典相比，这部刑法仿效1930年《意大利刑法典》在总则部分新设了"保安处分"一章，[1]标志着南京国民政府的立法精神由客观事实主义向主观人格主义转变，更加注重社会化的一般预防，[2]以此顺应世界刑法之潮流。并且，南京国民政府为实现刑法体系整齐划一之目的，在1935年刑法典中以内乱罪、外患罪、公共危险罪、鸦片罪等将《危害民国紧急治罪法》《军用枪炮取缔法》《禁烟法》等特别刑法的内容予以概括和吸收。另外，针对轻微刑事罪犯人满为患的问题，南京国民政府在修正的《中华民国刑法》中设立了刑法易科制度，即对于某些轻微的刑事犯罪，虽仍旧作出刑法处罚，但若因为某些特殊的原因，罪犯不执行刑罚更为适当者，可以根据该制度，以罚金、劳役或者训诫的方式来取代刑罚的执行。

（2）刑事诉讼法

南京国民政府制定刑事诉讼法典的过程与制定刑法典大体相似，先后于1928年和1935年公布两部刑事诉讼法典。1928年年初，司法部以北洋政府时期颁布的《刑事诉讼条例》为基础，斟酌损益，在几个月内便完成了刑事诉讼法草案的拟定工

---

[1] 参见李晓婧：《论南京国民政府时期保安处分制度之尴尬境地》，《刑事法评论》2017年第2期，第278页。
[2] 参见陈新宇、陈煜等：《中国近代法律史讲义》，九州出版社2016年版，第135页。

作。之后，南京国民政府法制局对该草案进行审查，并提出修正案和审查意见书。最后，由法制局呈交国民党中央政治会议讨论通过，并于同年 7 月正式公布，该法为南京国民政府第一部刑事诉讼法典。[1]

南京国民政府于 1928 年颁布的《中华民国刑事诉讼法》共 9 编 513 条。其中，第 1 编到第 9 编分别为总则、第一审、上诉、抗告、非常上诉、再审、简易程序、执行和附带民事诉讼。纵观该部刑事诉讼法典的体例结构，与北洋政府时期颁布的《刑事诉讼条例》基本相似。其中，第一编、第三编、第四编、第六编、第八编之内容均摘抄自《刑事诉讼条例》，而第二编之内容与《刑事诉讼条例》相比，其分为公诉和自诉两章，公诉一章删去了预审，只分为侦查、起诉和审判三节。其余第五编、第七编以及第九编的内容，只与《刑事诉讼条例》有微小差异。但是，也有许多明显不同的地方，例如体现了国家诉追主义，即国家检察机关公诉为主、被害人自诉为辅。又如设立公设辩护人制度、调整初级法院的管辖范围、废除刑事诉讼费用等。[2]

随着 1928 年刑法典的修改，南京国民政府立法院认为刑事诉讼法亦应同时予以修改。1933 年 6 月，司法行政部拟定《修正刑事诉讼法草案》，共计 9 编 538 条。立法院在该院第三届第 25 次会议中对上述草案进行了初读和讨论，决议将其交由刑法起草委员会审查。该起草委员会从 1933 年 12 月开始直至 1934 年 11

---

[1] 参见张国福：《中华民国法制简史》，北京大学出版社 1986 年版，第 284 页。
[2] 参见谢振民：《中华民国立法史》，中国政法大学出版社 1999 年版，第 1019—1020 页。

月，审查修改近一年之久方才告竣，形成《刑事诉讼法修正案》并提交立法院。1934年11月29日，在立法院第三届第84次会议中，经由主席征询意见后省略三读程序，修改后的刑事诉讼法全案得到通过。1935年《刑事诉讼法》仍分为9编，其中第2编至第4编、第7编至第9编的结构与1928年《刑事诉讼法》相同，而第5编和第6编的内容分别更改为再审和非常上诉。此外，第1编的内容变化较大，其中第一章至第三章的内容未加变化，第四章至第十五章则变更为辩护人、辅佐人及代理人，文书，送达，期日及期间，被告之传唤及拘提，被告之讯问，被告之羁押，搜索及扣押、勘验、人证、鉴定及通译，裁判。

因参酌了国外先进学术成果和国内司法经验，所以与1928年刑事诉讼法典相比，1935年刑事诉讼法典除了结构体例有所变化，在内容方面也存在许多改进之处。例如为了与1932年颁布的《法院组织法》所确定的审级制度相适应，在1935年刑事诉讼法中改四级三审制度为三级三审制度；遵照国民党中央政治会议的决议，扩大自诉范围，规定凡是有行为能力的被害人均可提起自诉，力求结案迅速，减少讼累；为与新刑法典中新设的保安处分制度相对应，新刑事诉讼法中亦增设了执行保安处分和执行训诫的相关规定等。这些新的变化虽然体现了近代以来刑事诉讼立法的最新理念与精神，但是受种种因素的影响，其效果在南京国民政府的司法实践之中大打折扣。[1]

（3）其他刑事法律

除了上述的成文法典，南京国民政府在这一时期也曾颁布大量的单行法规。刑法方面，有1927年11月公布的《惩治盗

---

[1] 参见公丕祥：《近代中国的司法发展》，法律出版社2014年版，第411页。

匪暂行条例》、1928年3月公布施行的《暂行反革命治罪法》、1929年9月公布施行的《陆海空军刑法》、1931年1月公布的《危害民国紧急治罪法》、1935年7月颁布的《妨害国币惩治条例》、1936年2月公布施行的《维持治安紧急办法》等。在刑事诉讼方面,先后有1929年8月颁布施行的《反革命案件陪审暂行法》、1930年7月正式施行的《公设辩护人条例》、1932年12月颁布的《捕获法院条例》与《海上捕获条例》以及1935年8月由司法行政部颁行的《办理刑事诉讼案件应行注意事项》等。上述这些单行法规,虽可以对成文法典的某些具体条文起到细化甚至填补缺漏的作用,但是也会引起与成文法典的矛盾冲突,严重者亦会破坏法治。基于上述问题,南京国民政府根据立法委员刘守中等人的提议,将《惩治绑匪条例》《暂行特种刑事诬告治罪法》《惩治土豪劣绅条例》等予以废止,在1935年新修订的刑法典中,亦将《惩治盗匪暂行条例》《危害民国紧急治罪法》《军用枪炮取缔法》《禁烟法》等特别刑法的内容囊括进相关章节之中。但是,司法实践之中依然存在着大量的单行法规,这些法规成为南京国民政府刑事法律体系的重要组成部分,其往往规定了严酷的刑罚措施,严格限制了广大人民群众的诉讼权利,主要用于维护国民党的专制统治。[1]

二、战时特别法

抗战军兴以来,国土大片沦丧,国家形势发生巨大变化。为适应抗战的需要,国内政治、军事、经济等各项设施均有所

---

[1] 参见公丕祥:《近代中国的司法发展》,法律出版社2014年版,第409—412页。

改革，抗战期间维护大后方秩序稳定为首要之责任，如果秩序不稳，则会严重影响前方之战斗力量。司法机关肩负保障人民合法权益、维护社会稳定的重任，而全面抗战前所颁布的法律条文皆为平时所设立，难以适应战时环境以及加强抗战力量之需要。[1] 基于上述问题，南京国民政府出于全面抗战的需要，陆续颁布施行了大量特别法。

1. 民事特别法

全面抗战爆发后，国内形势骤起变化，平时规范社会之法律自应随之进行变革，比如第一次世界大战期间，欧洲各国多采用独裁形式之政治制度，在立法方面，英国、美国、法国和德国亦采取严厉的战时立法政策。[2] 民法作为规范人们在日常生活中行为准则的法律，受战争的影响甚大。比如民事法律中关于期间之规定，其目的为维护社会秩序，便利诉讼。但是，在全面抗战期间，如果在前线参与抗战之军民仍受上述期间的限制，则战争、交通等不确定因素将使得前方抗战军民的合法权益有遭受侵害的危险，极大地打击了广大军民的抗战积极性。

为适应战时社会环境之需要，南京国民政府在全面抗战期间颁布了多部民事特别法，例如1940年1月19日颁布施行的《强制执行法》，该法共8章142条，分别为总则、对于动产之执行、对于不动产之执行、对于其他财产权之执行、关于物之交付请求权之执行、关于行为及不行为请求权之执行、假扣押假处分之执行以及附则。其中，总则一章共计44条，与《民事

---

[1] 参见居正、张知本等：《抗战与司法》，独立出版社1939年版，第9页。
[2] 参见居正、张知本等：《抗战与司法》，独立出版社1939年版，第37页。

诉讼法执行规则》总则及《补订民事执行办法》相比较，该法的执行名义增多。根据《民事诉讼法执行规则》总则及《补订民事执行办法》之规定，其对于执行名义并无列举之规定，只在《民事诉讼法执行规则》第4条以及《补订民事执行办法》第3条中规定判决、裁定及和解等，在某种情形下可据以申请执行，或法院可以依照职权执行。1940年颁布的《强制执行法》则是在第4条中对执行名义进行了一一列举，其中第1款至第3款，系前述《民事诉讼法执行规则》及《补订民事执行办法》已认之执行名义，而第4款至第6款，依公证法作成之公证书（但以债权人之请求，系以给付金钱或其他代替物或有价证券之一定数量为标的，而于证书上载明应经受强制执行者为限）、抵押权人依民法第873条之规定，为拍卖抵押物之申请，经法院为许可强制执行之裁定者以及其他依法律之规定得为强制执行名义者，尽皆可以申请强制执行。又如在《民事诉讼法执行规则》及《补订民事执行办法》中采取的是半职权半申请主义，至于何者须申请，何者须依职权，可以概括言之，除和解须依申请外，其余大都须法院依职权为而之。所以在司法实践中经常会产生诉讼当事人已经在院外自行了结多时而法院仍然依照程序予以执行的问题，极大浪费了司法资源。为此，南京国民政府吸取了上述教训，在《强制执行法》第5条中明文规定："强制执行因债权人之申请为之。"除此之外，该法以但书的形式规定"假扣押、假处分及假执行之裁判，其执行应依职权为之"。其不仅贯彻了不告不理之原则，而且也与我国的实际国情相符合，此为该法与《民事诉讼法执行规则》及《补订民事执行办法》相比进步的地方。但是，1940年之《强制执行法》也存在不完善的地方，例如该法第20条规定："已发现之债务人财产，不足抵偿申请强制执行之债权时，执行处得因债权人之申请，命债务人报告其财产状况。"此项规定，虽不能谓为不当，但却会导致债务人因为自身利益之考量而隐匿自身财产，加大执行的难度。"惟就吾人经验之事实论之，实只有增加执行上之困难，并无若何利益可言。盖以公证及登记制度，我国尚未普遍的推行，债务人为自己利益起见，利用是项规定，隐匿其财产，结果徒使受破产宣告之人增多，于社会经济，不能谓无影响，是则司法者应注意及之也。"[1]而《民事诉讼法执行规则》及《补订民事执行办法》中关于债务人财产之调查，定明由债权人查报，必要时，并得由执行处调查，与《强制执行法》相比更为适当。

战时首都重庆，由于大量外地人口涌入，导致当地房屋趋于紧张、租金暴涨。1938年因为武汉会战的失利，使得更多民众涌入大后方，导致这些地区的人房矛盾更趋突出，以致当时出现"好个重庆城，山高路不平；捆绑房屋多，悬得吓死人；老婆还好找，住房真难寻"[2]的歌谣，十分形象地描绘出了全面抗战时期大后方重庆地区的租房问题。人房矛盾亦导致大后方地区房屋租金或者买卖价格飙涨，房屋租赁纠纷也时有发生，上述问题成为影响大后方稳定的不利因素。据此，搬迁至重庆的南京国民政府在1939年公布了《重庆市非常时期取缔抬高地价、地租、房价、房租暂行办法》，对房地产价格进行了一些限制。在同年12月，南京国民政府针对当时的房屋租赁市场现况，颁布了《重庆市房租评定委员会处理重庆市房屋租赁暂行

---

[1] 谌:《评强制执行法总则》,《司法评论》1940年创刊号,第9页。
[2] 重庆市文史研究馆编:《陪都星云录》,上海书店出版社1994年版,第162页。

办法》，该办法共计 12 条，对房租标准、房租给付方式、退租条件等事项予以规定。但是施行经年，收效甚微，未能实现立法意图。因此，南京国民政府在 1940 年 2 月对上述房屋租赁暂行办法予以修正，颁行了《非常时期重庆市房屋租赁暂行办法》，共 24 条。该办法为解决重庆地区的房屋租赁问题，对房租标准、退租条件、收回自用方式、房屋被炸时的租赁和修复等方面都进行规定。例如该办法第 2 条规定："战时省、市、县政府所在地，或经政府指定为疏散迁建之区域，或其他因租屋困难，经政府指定之地区，该管市、县政府，得依下列各款之命令。一、检视空余房屋适于居住者，得限期令房主出租。二、房主自住房屋超过其实际之需要者，得令其将多余之房屋出租。三、可供居住之房屋，得禁止其拆毁。四、现供居住之房屋，得禁止其改作他用。五、被炸毁，或倾圮之房屋，尚可修复者，得令房主修复出租。"南京国民政府以法律的形式强制某些地区的房东出租空余之房屋、禁止拆迁房屋、被毁损之房屋若可恢复者亦应及时恢复出租等，以此来保障房源，减少房屋租赁供求紧张的问题，维护社会稳定。另外，针对实际生活中出租人屡有毁约的问题，南京国民政府在该办法第 7 条中明文规定，除非具有以下情形，即承租人利用房屋为不法之行为者，承租人积欠租金数额，除以担保金扣抵外，达两个月以上者，承租人损坏出租人之房屋，或其他财物，而为不相当之赔偿者，承租人未得出租人同意，而将全部房屋转租者，出租人依该办法第 11 条之规定，收回自住者或者房屋必须改建，且已领建筑执照者，出租人不得终止房屋租赁合同。除此之外，南京国民政府出于抗战的需要，于该办法第 13 条中规定政府机关、学校、医院、工厂所租用之房屋，在战时，出租人不得收回，或改租他人等。

除了上述法律，南京国民政府在全面抗战期间亦陆续颁布了其他法律规范，例如1940年8月12日公布施行的《管收条例》、1944年5月29日颁布的《专利法》、1943年7月28日公布的《办理强制执行事件应行注意事项》、1944年8月30日制定的《战时田赋征收实物条例》、1943年3月31日公布的《公证法》和同年12月公布的《施行细则》等，以期民事法律更加适应战争的需要。

2. 刑事特别法

（1）《惩治汉奸条例》与《汉奸自首条例》

战时之社会，较平时尤须注意治理，否则将会极大影响前方的抗战力量。"故安定社会秩序，为当前急务。惟整饬社会秩序，刑事法规之理，实不容轻视。但一般刑事法规因系就平时社会情状，而为规定，故适用于战时之社会，多失其妥当性，在战时需要实行特别刑事法规，了无疑义。"[1] 为此，南京国民政府在全面抗战时期陆续公布施行了多部刑事法规，例如战争初期中国的几次大型会战尽皆失利，国土大片沦陷，因而涌现出大量汉奸，严重危及当时的国家安全，南京国民政府出于抗战的需要，于1937年颁行了《惩治汉奸条例》，之后又于1938年对此进行了修正。该法第2条以列举的方式规定，凡是通谋敌国而有以下行为者（图谋扰乱治安或者反抗本国；招募军队或者其他军用工人；供给贩卖或为购办运输军用品，或制造军械弹药之原料；供给贩卖或为购办运输粮食；供给金钱资产；泄露、帮人传运、侦查或盗窃有关军事、政治、经济之消

---

[1] 参见居正、张知本等：《抗战与司法》，独立出版社1939年版，第45页。

息、文书、图画或物品；充任向导或其他有关军事之职役；阻碍公务员执行职务；扰乱金融；破坏交通、通讯或军事上之工事或封锁；在食物或饮用水中投放有害物质；煽惑军人、公务员或普通民众逃叛通敌；为前款之人犯所煽惑而从其煽惑者），是为汉奸。根据上述之规定，只要有以上所列情形之一者，即处以死刑、无期徒刑，如果有包庇纵容者、窝藏不报者以及故意诬告陷害他人为汉奸者等，尽皆按其案件情节之轻重分别处罚之，以此制止危害国家之行为的发生。

但是，《惩治汉奸条例》之规定多为消极的制止，难以从根本上杜绝汉奸的产生。为此，南京国民政府又颁布了《汉奸自首条例》，"故又有汉奸自首条例之规定，注重感化自新，留有悔过改善之余地，至为积极的补救，二者性质虽属不同，然立法之精神，固属前后一贯，互相联系，交相为用也"[1]。并且，注重对触犯《惩治汉奸条例》之人进行教化，以此防止恶性事件再次发生。

（2）《妨害兵役治罪条例》

全面抗战初期，国民党在正面战场之上节节失利，部队损失惨重，对兵员的需求加大。又因为地方的兵役征集制度尚不完善，存在许多缺漏，导致在征兵过程中难以避免地会出现许多问题和矛盾，徇私舞弊与逃脱兵役的现象屡有发生，为此，南京国民政府不得不于1940年6月15日制定了《妨害兵役治罪条例》。该条例共计24条，所处罚的对象为"有妨害兵役之行为者"，即分别为意图逃脱兵役者、徇私枉法者、玩忽职守者

---

[1] 王维积：《试论惩治汉奸条例与汉奸自首条例之立法精神》，《浙江省保安处军法月刊》1938年第6期，第54页。

以及教唆他人逃脱兵役之人，对于上述行为者，按照法律条文分别处以罚金、拘役、有期徒刑、无期徒刑，甚至死刑。例如行为人意图避免兵役，于征集后入营前逃亡或者战时受召集无故不到逾期在一日以上三日未满者，处三年以下有期徒刑，逾期超过三日以上者，则处以一年以上七年以下有期徒刑（第12条）；办理兵役人员故纵或便利应服兵役人员逃避兵役者，处五年以上十二年以下有期徒刑，而非办理兵役人员庇护或便利前项人员逃避兵役者，处七年以下有期徒刑（第4条）；办理兵役人员对于职务上之行为，要求期约或收受贿赂或其他不正利益者，处三年以上十年以下有期徒刑，得并科五千元以下罚金（第5条第1款）；玩忽兵役法令不依限征送新兵者，处三年以下有期徒刑（第9条）；煽惑他人避免兵役者，平时处三年以下有期徒刑，战时处一年以上七年以下有期徒刑（第19条）等。与此同时，为保障征兵工作的顺利开展，南京国民政府在该条例第16条、第17条明文规定，若为了逃脱兵役，而对办理兵役人员施强暴胁迫者，处一年以上七年以下有期徒刑。结伙三人以上持械而犯前项之罪者，处三年以上十年以下有期徒刑，首谋者处七年以上有期徒刑，而对于公然聚众持械反抗企图避免兵役者，处七年以上有期徒刑，首谋之人更是加重处罚力度，对其处以死刑、无期徒刑或十年以上有期徒刑。并且，对于触犯第16、第17两条之罪之行为人，如果其行为导致他人死亡或者重伤者，则处以死刑或者无期徒刑（第18条）。除此之外，南京国民政府在该条例中亦对应服兵役人员及其家属的合法权益予以保护，例如征兵工作人员如果强迫不应征集之壮丁使其服兵役，或对于应征人员存在凌虐之行为者，处五年以上十二年以下有期徒刑，因为上述之行为致人死亡者，处死刑或无期徒刑，致重伤者，处无期徒刑或七年以上有期徒刑（第6条）。并且，对于逃亡之人员应依法将其移送给有权审判机关进行审判，若越权处分者，处一年以上七年以下有期徒刑，其越权擅杀者处死刑（第7条）。同时，对于负有管理壮丁职务之人员，如果以诈欺的方式取得壮丁或其亲属之财物者，处一年以上七年以下有期徒刑，得并科一千元以下罚金，并追还其财物交回被害人，即便上述行为未遂，亦予以相应处罚，维护普通壮丁及其家属的财产权益（第8条）。

因为战时的需要，南京国民政府亦对之前颁布施行的《兵役法》全文进行了修正，于1943年3月15日正式向社会大众公布，全文共计7章32条，分别为总则、服役、管理、征集、召集、权利义务以及附则。之后，南京国民政府又于同年5月15日对《妨害兵役治罪条例》进行修正，并于该月27日正式颁布施行，使得《兵役法》与《妨害兵役治罪条例》相互辅助，配套施行，共同为抗战服务。

(3)《妨害国币惩治条例》

抗战军兴之后，由于敌强我弱，使得抗战初期我国东部经济发达地区几乎全部沦丧，南京国民政府的经济基础遭受严重打击，财政收入急剧萎缩。同时因为抗战之需要，南京国民政府不得不持续加大军费支出，财政赤字问题日益严重。另外，在抗战全面爆发之前，南京国民政府为推动国家经济的发展，开始放弃原来的银本位币制制度，在全国范围内大力推行法币。但在全面抗战时期，日本政府在加快军事侵略步伐的同时，亦开始运用其他手段来攻击南京国民政府，比如印制法币并将其投入到抗战大后方地区，在掠夺大后方抗战物资的同时，亦对大后方地区的经济秩序造成极大破坏。

基于上述问题，南京国民政府于 1943 年 9 月 30 日对全面抗战前颁布的《妨害国币惩治暂行条例》全文进行修改，并于同年 10 月 18 日正式颁布施行《妨害国币惩治条例》。新条例共计 7 条，对于意图谋取私利而破坏国家币制的行为处以有期徒刑、无期徒刑和相应数额的罚金。例如该条例第 1 条规定，为谋取私利而私运银币、银类、金类或新旧各种辅币出口者，处无期徒刑或五年以上有期徒刑，并科处币额或价额五倍以下的罚金，意图营利，销毁银币或新旧各种辅币，私运出口者，亦同。又如第 4 条之规定："意图营利，不按法定比率兑换各种币券者，处所得利益十倍以下罚金。以兑换币券为业，所取兑换手续费，超过币额百分之一者亦同。"同时，对于恶意毁损货币，使得其再难以使用者，科处所毁损币值五倍以下的罚款（第 5 条）。并且，对于伪造货币之行为亦科处无期徒刑或五年以上有期徒刑，得并科五千元以下罚金（第 3 条）。另外，为了有效避免危害南京国民政府经济安全行为的发生，该条例第 6 条采取一刀切的方法，即只要触犯本条例内容之一者，其银币、银类、金类、新旧各种辅币，伪造变造或损毁之币券，尽皆没收，而不问其归属于何人。

（4）《惩治贪污条例》

在全面抗战期间，因为种种原因，南京国民政府内部上下普遍存在贪污腐败的行为。对此，南京国民政府于 1938 年 6 月颁布了《惩治贪污暂行条例》，共计 11 条，为我国战时第一部惩治官员贪污的刑事法规，全文由贪污的解释、处罚以及审判三个部分组成，对于战时贪污的定罪量刑、处罚标准等作出了明确规定，以此来澄清吏治，为抗战创造良好环境。

南京国民政府以《惩治贪污暂行条例》施行的实际情况为基础，斟酌损益，于 1943 年 6 月 30 日再次颁布了《惩治贪污条例》，全文共计 14 条。该条例明文规定所适用的对象为全面抗战时期违反本条例之公务员、军人、公务机关委托承办人员以及共犯等。并且以列举的方式规定存在以下行为者，处以极为严重的刑罚，以此起到威慑的作用，减少相关犯罪的发生概率：存在克扣军饷、从采购军工物资中索取回扣、盗卖或侵占军用物资、违背法令勒索、勒征、强占或者强募财物者、为谋取私利而扰乱金融、擅提截留公款以及违背相关职务要求而收受贿赂等七种行为之一者，按照情节之轻重，分别处死刑、无期徒刑或十年以上有期徒刑（第2条）。同时，对于第2条第1款以外克扣或押留不发职务上应行发给之财物者、侵占或窃取公有财物者、从其所募集的款项或征用的土地民夫财物中舞弊者、利用职务上的便利诈取财物、要求期约或收受贿赂或存在其他不正利益等行为时，处死刑、无期徒刑或七年以上有期徒刑（第3条）。

除此之外，该条例对于上述第2条、第3条中所规定的犯罪行为未遂者，亦进行一定程度的处罚（第5条）。对于预备或者阴谋实施上述第2条、第3条中所规定的犯罪行为之人，亦要处以五年以下有期徒刑（第6条），而违背该条例之人员的直属长官如果明知其下属存在上述贪污之行为者，仍予以庇护或不予举报者应以共犯论处，但可以根据情节的轻重酌量减轻处罚（第8条）。另外，对于违反条例而获得的非法财物，应进行追缴，若属于私人财产，在进行追缴的同时，还应依其情形分别予以没收或发还被害人。前项财物之全部或一部分无法追缴或不能没收时，则可以追征其价额或以其财产进行抵债，但其财产价额不及应追征之价额时，出于人性化之考量，可以酌留其家属必需之生活费用（第7条）。

(5)《非常时期刑事诉讼补充条例》

南京国民政府虽在抗战全面爆发之前便对刑事诉讼法进行了两次修订，但是依然存在程序烦琐的问题。"现在中国诉讼程序的复杂和琐碎，最容易为当事人所利用，一般狡黠健诉的人，往往藉抗告、再审、上诉、再上诉等等手续，使案件久悬不决，以欺压乡愚，蹂躏弱者，而到达操纵诉讼，左右当事人的目的。"[1]并且，在抗战时期，诉讼程序影响司法效率的问题更为显著。例如在接近战区之地方，有随时受战区扩大的影响的可能，一案尚未判决，法院便已经沦陷，人民与政府俱感困难，所以在战争期间，改善诉讼程序以加快审判进度，实为必要。针对上述之问题，司法部亦曾再三通饬各级法院，可以在法律法规所允许的范围之内，并在保护诉讼当事人合法权益的前提下，对诉讼程序进行简化，而对裁判及其他文书的制作，亦应务求简单。[2]另外，因为战争的原因，导致部分地区的法院毁于战火，对这些地区的案件审理工作造成极大影响。南京国民政府为了稳定后方秩序，保障刑事诉讼的顺利进行和人民的合法权益，于1941年7月1日颁布施行了《非常时期刑事诉讼补充条例》，全文共计38条。

首先，针对战争引起的案件管辖问题，在该条例中明定因为受战时等其他因素的影响，经过直接上级法院斟酌，认为有移转管辖之必要者，虽然没有1935年刑事诉讼法第10条各款所列之情形，亦可以裁定将该案件移转于其管辖区域内的同级法院进行审理（第2条）。另外，如果有管辖权的法院毁于战

---

[1] 居正、张知本等：《抗战与司法》，独立出版社1939年版，第29页。
[2] 参见居正、张知本等：《抗战与司法》，独立出版社1939年版，第14页。

火尚未恢复,不能行使审判职权时,案件当事人亦可以直接申请转移管辖,但在申请中需陈明案件应转移之法院(第3条)。案件当事人在其申请中陈明的转移之法院如果与对该案件有管辖权的法院并不隶属于同一高等法院或者分院时,可以由最高法院对其进行裁定,如果陈明移转之法院隶属于最高法院分庭者,可以由该分庭予以裁定(第4条)等。

其次,1935年颁布的刑事诉讼法中有许多关于期间的规定,原意为督促当事人积极行使权利,减少讼累。但是,因为战争以及交通等因素的影响,导致部分当事人难以在法定期间内行使权利,殊失公平。基于上述之问题,该条例明确规定因战事原因导致侦查起诉或审判之程序不能开始或继续时,其追诉权时效依刑法第83条之规定停止进行(第6条)。对于自诉案件,如果因为战乱因素,导致自诉人不能在自诉期间内进行自诉者,其不能自诉之期间应予不算入(第7条);而且战区案件因为战事原因而迟误刑事诉讼法第67条第1项、第70条所定各期间者,得于该区域战事结束法院恢复并布告办公后,60日内申请回复原状(第8条);因战事迟误刑事诉讼法第417条所定期间者,得申请回复原状,其申请期间按准用前条之规定(第9条);等等。

最后,1935年刑事诉讼法将自诉范围予以扩大之后,在司法实践中流弊滋生,南京国民政府在刑事诉讼补充条例中特将自诉程序予以变通,规定除有罪科刑案件仍然以判决的方式为之外,其他案件一概以裁定的方式代替判决。[1] 例如该条例规

---

[1] 参见陈盛清:《战时的刑事诉讼——非常时期刑事诉讼补充条例述评》,《东方杂志》1941年第18期,第23页。

定，自诉案件具有以下合于刑事诉讼法第294条之规定应谕知免诉者、合于刑事诉讼法第295条或第326条所规定的内容应谕知不受理者、行为不受处罚应谕知无罪者、犯罪嫌疑经过相关调查显然不足以定罪应谕知无罪、应谕知案件管辖错误者等情形之一者，法院可以裁定的方式进行审理（第13条、第14条）。另外，根据该条例第15条之规定，自诉案件经被告提起反诉者，如果自诉经法院作出无罪、免诉、不受理或者管辖错误的裁定，除反诉另有必要得于自诉裁定后裁判外，应与自诉同时予以裁定。[1]

诉讼程序中的所有事项，尽皆依赖相关文书以为证明，比如讯问笔录、勘验笔录、审判笔录、裁判文书等。这些文书都需要由法院书记官员进行整理，汇编成册后依照相关法律法规进行保管，以免之后无从稽考。但是，受全面抗战的影响，部分法院的诉讼文书毁于战火之中，导致很多诉讼案件无从考据，南京国民政府对此在《非常时期刑事诉讼补充条例》中详细规定了相关办法，以资补救。例如，对于已经裁判的案件，因为裁判文本毁于战争且没有其他方法予以证明裁判文书之内容，该补充条例第22条明确规定可以将该案件视为未裁判；其起诉文件亦被毁损者，视为未起诉。法院检察官对于该案件自得再行侦查起诉，不得援引1935年刑事诉讼法第231条第1款之规定，认为该案件已经予以判决而予以不起诉之处分。针对案件尚未裁判而卷宗文书却毁于战火的情形，如果其为第一审案件，有起诉文件而裁判原本灭失且无其他方法予以证明的，仍应为

---

[1] 参见陈盛清：《战时的刑事诉讼——非常时期刑事诉讼补充条例述评》，《东方杂志》1941年第18期，第24页。

第一审判决；其起诉文件也毁于战火的，视为未起诉（第25条）。如果其为第二审案件，当该案件具有上诉文件但第二审的裁判文书及其正本灭失，并且没有其他方法予以证明的，仍应予以第二审审判。原审裁判原本及其正本亦都毁于战火，没有其他办法证明裁判文书内容的，可以裁定的方式将其移送到原审法院或与原审法院同级之法院进行审理；如果起诉文件亦毁于战争，则视该案件为未起诉，该第二审之上诉毋庸予以裁判。同时，上诉案件如果因为卷宗灭失，导致不能证明其为不合法者，一律视为合法（第32条）。如果其为第二审案件，上诉文件因为战争丢失了，但是上诉人能够释明其已经上诉，或者法院有文书可资证明者，该案件审判长应定期间，以裁定的形式命令上诉人补行上诉之程序，逾期未能补行程序者，视为撤回上诉（第31条）。

（6）《特种刑事案件诉讼条例》

1943年6月14日，司法行政部草拟了《特种刑事案件诉讼条例立法原则》，全文共计12条。同年6月28日，行政院通过了上述立法原则，国防最高委员会亦于7月31日决议通过了立法院法制专门委员会的相关审查意见。南京国民政府据此于1944年1月12日公布了《特种刑事案件诉讼条例》，全文共计36条，于同年11月12日开始施行。所谓特种刑事案件指的是贪污、盗匪、妨害国家总动员、违反粮食管理制度、危害国家安全、违反战时军律、汉奸、妨害军机等案件。其中有关贪污、盗匪以及妨害国家总动员等的犯罪，其第一审案件尽皆由地方法院或者县司法机关审理；而危害国家安全、汉奸、妨害军机等案件则由高等法院或者分院进行审理（第1条）。

与此同时，该条例第2条明确规定："刑法第五十五条及第五十六条之案件，其一部之犯罪事宜应依本条例审理时，全部应依本条例审理之。"又如，该条例第 21 条规定："覆判法院为核准判决时，得同时谕知缓刑。"但是，按照相关法律之规定，缓刑之宣告，属于科刑问题并非诉讼程序上之问题，应为刑法即实体法所规定，而《特种刑事案件诉讼条例》系属诉讼程序法之内容，因而不应有关于科刑之内容。[1]

除了上述法律规范，南京国民政府在全面抗战时期亦曾颁布过其他的特别刑事法律。在刑事实体法方面，还有 1941 年 2 月 19 日公布施行的《禁烟禁毒治罪暂行条例》（全文共计 24 条）、1941 年 4 月 4 日施行的《中华民国战时军律》（全文总计 22 条）、1942 年 6 月 29 日颁布的《妨害国家总动员惩罚暂行条例》（全文共计 15 条）、1944 年 4 月 8 日颁布施行的《惩治盗匪条例》（全文共计 11 条）等。在刑事程序法方面，有 1938 年 5 月 15 日颁布施行的《各省高级军事机关代核军法案件暂行办法》（全文共 8 条）、1939 年 3 月 13 日由军事委员会公布施行的《战时军法案件委任代核暂行办法》（全文共计 12 条）、1945 年 4 月 10 日公布施行的《调度司法警察条例》（全文共计 14 条）等。南京国民政府通过颁布上述一系列的法律规范，构建了体系较为完备、较能满足全面抗战之需要的司法体系，为抗战进行服务。

三、司法改革试验依据

璧山实验地方法院以司法行政部拟定的《实验地方法院办

---

[1] 参见胡一天：《特种刑事案件诉讼条例之研究》，《胜流》1945 年第 2 期，第 12 页。

理民刑诉讼补充办法》以及该法院制定的《实验地方法院办理民刑诉讼应行注意事项》《实验地方法院职员值日办法》《璧山实验地方法院检察处申告铃使用规则》等为重要依据，进行司法改革试验。

1.《实验地方法院办理民刑诉讼补充办法》

1942年，司法行政部根据现实之需要，拟定了《实验地方法院办理民刑诉讼补充办法》并呈报国民政府国防委员会审核，最终在该委员会第 84 次会议中表决通过。《实验地方法院办理民刑诉讼补充办法》全文共计 54 条，是璧山实验地方法院进行司法改革的重要法源。例如该办法第 1 条明确规定，实验地方法院在办理民事诉讼和刑事诉讼案件时，若本办法没有特殊规定，则一律适用民事诉讼法、刑事诉讼法及其他有关民刑诉讼之法令。换言之，如果《实验地方法院办理民刑诉讼补充办法》与现行之民事诉讼法、刑事诉讼法对某一事项皆有规定时，应以《实验地方法院办理民刑诉讼补充办法》为准。通观《实验地方法院办理民刑诉讼补充办法》全文之内容，其主要有以下几个特点。

首先，扩大法官和检察官的职权。例如在民事诉讼管辖权方面，1935 年的民事诉讼法规定，法院若认为对该案件无管辖权者，应依原告的申请以裁定的方式将其移送于管辖法院，如有数管辖法院时，移送于原告所指定之管辖法院。前项情形，原告没有申请移送或指定管辖法院者，法官应于裁判前予以讯问，采用的是当事人申请主义。但是，该补充办法对于民事诉讼管辖权问题，采用的是职权核送主义，第 3 条中明文规定民事诉讼之全部或一部，法院认为无管辖权而未经原告申请核送者，可以依职权移送于管辖法院，如有数管辖法院时，应核送于距离被告住居所较近之管辖法院。前项后段情形于原告申请移送而未指定管辖法院时，亦适用之。在此之前，民事诉讼的公示送达亦应由当事人予以申请，既多程序又延时日。但是，该补充办法采用职权主义，规定民事诉讼法第 149 条之公示送达，法院应依职权为之（第 4 条），从而免除上述之弊端。刑法第 61 条所列各罪之案件，情节轻微，如果等到被告人到庭陈述后方可判决，则影响诉讼效率。为此该补充条例第 45 条明确规定，刑法第 61 条所列之各罪，被告经合法传唤无正当理由不到庭者，不待其陈述径行判决，杜绝拖延之弊端。又如，民事诉讼原告之诉如果显无理由者，得不经言辞辩论迳以判决驳回之（第 6 条）；与诉讼标的相牵连之法律关系，经法院指示，其一并起诉而原告无反对之表示者，视为诉之追加（第 8 条）；证人有民事诉讼法第 303 条第 1 项之情形，法院可以将之拘提至法院（第 9 条）；根据民事诉讼法第 385 条第 2 项之规定，由一造辩论而为判决，法院得依职权为之（第 11 条）等。

其次，扩大自诉范围。国民党在 1930 年中央政治会议中对法院组织法草案进行修改，提出了 12 项立法原则，其中第 1 项便要求对现行之检察制度加以改善，扩大自诉范围，凡因犯罪而被害之个人，以允许自诉为原则。因此，1935 年《刑事诉讼法》第 311 条规定凡为犯罪案件的被害人，只要具备行为能力，均可向有管辖权的法院提起自诉。尽管上述刑事诉讼法对自诉的范围进行了扩大，但是出于其他因素之考量，又在其他法律条文中进行了严格限制。例如对于直系尊亲属或配偶不得提起自诉（1935 年《刑事诉讼法》第 313 条）；同一案件，经过检察官终结侦查者，自诉人不得再行提起自诉（1935 年《刑事诉讼法》第 315 条）等。但自从抗战全面爆发之后，国家难以对全部刑事案件提起公诉。为保障当事人的合法权益，南京国民政府在《实验地方法院办理民刑诉讼补充办法》中对自诉范围再次进行扩大，以便利当事人。例如，犯罪之被害人及其他得为告诉之人，均得提起自诉（第 37 条）；犯罪事实之一部提起自诉者，他部虽不得提起自诉，但可以提起自诉论处，以此便利自诉人，但不得提起自诉部分系属重罪或其第一审属于高等法院管辖者，并不在此限（第 38 条）。除此之外，自诉人提起自诉时，可以用言辞的方式（第 39 条）；自诉于第一审辩论终结前得撤回之，但非告诉乃论之罪，其撤回应得于检察官之同意（第 40 条）；自诉人经合法传唤无正当理由不到庭者，以撤回自诉论，但非告诉或请求乃论之罪，不在此限，以此免除自诉案件被告人的讼累（第 41 条）；得自诉之案件经告诉者，检察官应即移送法院，按自诉程序办理，但告诉人有明白之反对表示或侦查已经终结者，不在此限（第 43 条）；承办自诉案件之推事，发现自诉人确系故意诬告而未经被告提起反诉者，应移送检察官侦查，以达到减少讼源之目的（第 44 条）等。

再次，大力推行缓起诉制度。在《实验地方法院办理民刑诉讼补充办法》颁布施行之前，我国在司法实践中并无缓起诉之规定，只有关于不起诉之规定。中华民国刑法第 61 条中所列之罪，较为轻微，检察官对于上述之犯罪认为以不起诉为适当者，得为不起诉之处分。但是，在司法实践中，犯罪人反因不起诉制度而受惠，滋生其侥幸之犯罪心理，不利于被告人之自首；而被害人亦因难平心中之气，必定予以上诉，增加当事人之讼累，并且浪费有限的司法资源。南京国民政府为实现案件的繁简分流、简化诉讼程序、节约司法资源、保障司法公正，在司法改革期间大力推行缓起诉制度。例如该补充办法第 25 条对缓起诉制度予以明文规定:"检察官于刑法第六十一条所列各罪之案件,参酌刑法第五十七条所列事项,认为以缓起诉为适当者,得以缓起诉之处分。前项缓起诉期间为一年以下,并停止追诉权时效之进行。刑法第八十三条第三项规定于前项停止原因,不适用之。"并且,1935年《刑事诉讼法》第234条之规定,亦适用于缓起诉案件(第26条)。该补充办法在之后的条文中对缓起诉制度进行了完善,例如检察官为缓起诉前,得斟酌案情,向被告为必要之劝谕,并得为左列处分:(一)命令被告向被害人道歉;(二)命令被告立悔过书;(三)命令被告向被害人支付100元以内之抚慰金。前项命令应附记于缓起诉处分书内,第1项第3款之命令与民事执行名义有同一之效力(第27条)。告诉人或被告提受缓起诉处分书后,可以于7日内以书状声明不服,但不得专对于前条第1项之命令声明不服(第28条)。缓起诉处分告诉人声明不服者,适用准申请再议之程序,如果被告声明不服者,检察官应即撤销原处分,并依法起诉。对于缓起诉处分声明不服之期间及其效果,应记载于送达告诉人及被告之处分正本之中(第29条)。如果存在以下情形:第一,应合并处罚之数罪,其中有不在刑法第61条规定之列者;第二,刑事诉讼法第333条所提之他罪者,一律不得为缓起诉处分(第30条)。受缓起诉处分在缓起诉期内,支付保护管束(第31条)。受缓起诉处分而存在缓起诉期内更故意犯罪、本案缓起诉前因故意犯他罪,而在缓起诉期内受有期徒刑以刑之宣告、应赔偿之损害全部或一部不于缓起诉期内履行、违反保护管束规则,情节重大等情形时,检察官可以据此撤销缓起诉处分,随时起诉(第32条)。缓起诉处分于期间届满未经撤销与确定之不诉处分有同一之效力(第33条)。受缓起诉处分者,仍得专科没收。前项专科没收由检察官申请法院裁定之（第35条）。

最后，《实验地方法院办理民刑诉讼补充办法》为便利当事人、简化诉讼程序，还规定了其他内容。例如在民事判决书内，事实及理由可以不分栏记载（第8条），并且刑事诉讼中的判决书亦能适用该规定（第46条）；民事关于财产权之诉讼其标的之金额或价额在三千元以下者，适用简易程序（第13条）；刑事诉讼法第400条第2项中关于添具意见书之规定不再适用（第47条）；被告对于处刑命令有不服者，于处刑命令送达后5日内提起上诉，不得申请正式审判。前项上诉期间及提出上诉状之法院，应记载于送达被告之处刑命令正本。处刑命令已经上诉期间或被告抛弃上诉权、撤回上诉或驳回上诉之裁判确定者，而确定判决有同一之效力（第48条）；因犯罪而受损害之人，得以言辞提起刑事民事诉讼（第49条）；因犯罪而受损害之人，未以书状或言辞提起附带民事诉讼者，除明白表示抛弃赔偿请求权外，法院应询问其是否以附带民事诉讼请求赔偿，记明笔录（第50条）等。另外，调解制度的设立原为减少诉讼，节约司法资源，如果当事人间无意调解，若强制为之，于其调解后再行起诉，徒增无谓之程序，浪费有限的司法资源，与设立调解制度的本意相违背。为此，该补充办法第14条规定民事诉讼法关于强制调解之规定不再适用，减少不必要之讼累。

南京国民政府在颁布《实验地方法院办理民刑诉讼补充办法》，并在璧山实验地方法院推行后，该院院长李祖庆以上述补充办法、1935年之民刑事诉讼法以及非常时期民刑诉讼补充条例等法律规范为根据，以其中特别注意之处，拟定《实验地方法院办理民刑诉讼应行注意事项》，共计53条，以敦促全院人员办案时注意，后经该院首席检察官增订为60条。[1] 例如该注意事项第5条规定推事承办民事申请诉讼救助之案件，如经当事人提出能即时调查之证据以释明其无资力者，固应予以准许，倘未经释明其无资力时，亦应酌量情形准予救助。该条内容就是根据《民事诉讼法》第107条、第809条、第184条以及《非常时期民事诉讼补充条例》第6条之规定而制定的。又如根据《民事诉讼法》第149条和补充办法第4条之内容，在注意事项中规定对民事诉讼当事人为送达，如应为送达之处所不明时，法院应依职权为公示送达，不必待当事人之申请等。

2. 璧山实验地方法院司法助理员考试训练规则、服务规则、奖惩规则

根据法院组织法的规定，地方法院分别设有执达员和司法警察，执达员依照民事诉讼法和强制执行法的规定执行职务，而司法警察则依据刑事诉讼法及刑事特别法执行职务。但是，南京国民政府刚刚成立，法制尚不健全，司法人员的专业水平也参差不齐，严重影响了司法之威信，为人们所诟病。为解决上述之问题，璧山实验地方法院在其成立之初便将原有之执达员、司法警察陆续淘汰，并颁布了《璧山实验地方法院司法助理员考试训练规则》《璧山实验地方法院司法助理员服务规则》《璧山实验地方法院司法助理员奖惩规则》，严格司法员警的选拔、考核与训练，提高其专业素养。

璧山实验地方法院为严格司法助理员的选拔制度，从源头

---

[1] 参见《璧山实验地方法院办理民刑诉讼应行注意事项、民事诉讼程序及诉讼无关理由审查表等》，重庆市璧山区档案馆馆藏民国档案，档案号：12-1-996。

上选拔出高水平人才，特颁布了《璧山实验地方法院司法助理员考试训练规则》。首先，在该考试训练规则第1条中明确规定，为中华民国公民，30至40周岁之身体强健之男子，并且高级中学毕业（具有同等学历也可）或者曾担任宪兵警察2年以上者，方具备报名考试的资格。该考试主要分为笔试及口试两部分，以平均六十分以上者为及格（第3条）；考试及格之司法助理员还应由当地殷实商人或委任官提出保证书，如能纳缴500元以上之保证金者，免提出保证书（第4条）。并且，明确规定考试及格之司法助理员应入本院训练班受训（第5条），司法助理员训练班设有教导主任、事务主任各一人，由院长就本院职员中指定兼任（第6条）。司法助理员主要接受以下科目的训练，分别为精神训话（主要包括国父遗教、总裁言论、服务须知等内容）6小时、党义（三民主义）6小时、民法概要12小时、刑法概要8小时、民事诉讼法概要（注意送达程序）16小时、刑事诉讼法概要（注重报案、扣押及拘提各规定）16小时、强制执行8小时（第11条）。为保障受训之效果，规定受训之司法助理员受训不足40个小时者不得参加专业考试（第10条）。在受训期间实行军事化管理，由法院专门聘请军事人员予以教导（第13条），训练期满由院长指定教授向考试成绩及格者发给证明书，不及格者得斟酌情形命其参加次期训练或进行斥退。成绩优良者得酌予进等加薪，非司法助理员参加训练而成绩优良者，酌授以司法助理员一职（第15条）。

　　司法助理员经考核合格选拔入院后，亦应在工作中注意一言一行，璧山实验地方法院为规范司法助理员的行为，特制定了《璧山实验地方法院司法助理员服务规则》。该服务规则在开篇便直接规定，本院之司法助理员主要负责之前地方法院执达员、司法警察的事务（第1条）。司法助理员在执行事务时，应服从院长、首席检察官、推事检察官、书记官长、主任书记官及书记官之指挥命令（第2条）。另外，司法助理员执行外勤职务时，如不能由一人单独办理时，应随时报告主管推事或检察官请求增派人数，不得私行邀人协助（第5条），应于承办事件办理完毕后立即返回法院，不得再逗留（第6条），应将出院及回院日期随时报告主任司法助理员（第7条），应于办公时留院办公，不得私行外出（第8条）。司法助理员在办理案件时，对于送达文件，应随收随办，并须于送达完毕后即时将回证缴还原办书记官。送达之文件如系传票，应于审期前送到，并应注意就审期间回证亦应于审期前缴送，不得延误（第11条）。司法助理员办理民事案件应遵照执行命令所定期限迅速办理完毕，如实不能如期办核应将办理情形报告原承办推事核准（第14条），并且执行职务之时应亲自为之，不得私行雇人替代，但司法助理员相互间经长官允许互代者，则不在此限（第15条）。法院还严格司法助理员的请假制度，司法助理员因病或因事请假应填具请假书，与主任助理员因病或因事请假时亦同（第10条）。

如果司法助理员有立功或者违背上述服务规则或者其他法律规范的行为，璧山实验地方法院可以根据《璧山实验地方法院司法助理员奖惩规则》予以相应的奖励和惩戒。该奖惩规则之中，司法助理员的奖励方式主要分为记功和升级两种，上述两种方法可以同时并行（第2条）。司法助理员的惩戒方法主要分为记过、降级和斥革三种（第4条），记过达到三次的，应直接予以斥革（第5条），而被记过之司法助理员在6个月内不得升级（第6条）。

3. 璧山实验地方法院检察处申告铃使用规则以及密告箱使用办法

璧山实验地方法院检察处鉴于往昔之申告铃制度形同虚设，而补充办法中多设有关于人民可以言辞告诉或自诉的条文，为此璧山实验地方法院检察处对之前的申告铃制度予以改革，制定了《璧山实验地方法院检察处申告铃使用规则》。申告铃使用规则于1942年10月1日正式施行，全文共计6条。该使用规则在开篇就明文规定，申告铃之设置为便利人民以言辞告诉、告发或自首（第1条），申告铃装设于本院大门旁，由轮流值岗之门衙警察管理并指导人民使用，不得有抑勒情事（第2条）。当事人按铃申告后，值日之检察官一闻铃声，应立即率同书记官讯问按铃人，并依法制作笔录。值日司法警察一闻铃声亦应报请值日检察官核办（第4条）。

上述之制度仅为方便当事人之自诉或自首，璧山实验地方法院为便利人民秘密举报犯罪，特制定了《璧山实验地方法院检察处密告箱使用办法》，全文共计8条，并于1942年10月9日起正式施行。密告箱使用办法明确规定凡是秘密举报他人者，应提出密告状，并将其投入密告箱之内，而密告状应包含密告人之姓名、性别、年龄、职业、住址；被告人之姓名、性别、年龄、职业、住址或其他足资辨别之特征；犯罪事实及证据（第2条）。对于密告人的个人信息，检察处应严守秘密，除非必要情形，否则一律不得向外透露（第3条）。关于密告之事项，如果璧山实验地方法院检察处认为确有必要时，可以讯问密告人，前项讯问以密告方式行之（第4条）。该院检察处为防止民众滥用权利，诬告他人，亦明文规定对于以诬告方式诬陷他人者，以诬告罪的相关规定进行惩处（第5条）。

4.《实验地方法院职员值日办法》

根据《实验地方法院办理民刑诉讼补充办法》之规定，璧山实验地方法院大力推行言辞告诉、告发和起诉，所以收案时间不能预定，乃由推事、检察官分别轮流值日处理此种案件以及其他急速处分。实行以来，人民称便。因此，司法行政部便据此制定了《实验地方法院职员值日办法》，共12条，颁发本院遵办。

根据该值日办法之规定，实验地方法院是为了便利当事人而设置值日推事、检察官及书记官（第1条）。值日推事主要负责以言辞起诉或申请调解事件、检察官即时起诉之案件、应急速处分之勘验事件以及其他经院长认为应即时办理之事件（第3条）。值日检察官应办之事项主要为以言辞告诉告发或自首事件、经法院移送应即时侦查之事件、应即时处分之勘验事件、裁判确定应即时执行之案件和其他经首席检察官认为应即时办理之事件（第4条）。值日书记官主要辅佐值日的推事、检察官处理相关工作，并对此予以记录等（第5条）。除此之外，该值日办法对于值日人员的值日工作亦进行了严格要求。例如值日人员之办公时间由第一日上午七时起至第二日上午七时止，星期日及例假、休息日相同（第6条）；值日推事检察官对于应即时调查之证据及实施之搜索、扣押、逮捕等行为应为必要之处置，其诉讼程式有欠缺者，并应限期补正（第8条）；值日推事检察官承办案件应迅速进行，随时办结，如确系一次不能办结者，应于值日簿叙明理由（第9条）；值日人员承办之事件无论已结未结均应于翌日上午交收发室登入收案簿，按轮分配，但院长、首席检察官得酌量情形仍分配原值日人员承办（第10条）；等等。

5.《制作民事判决原本注意事项》《制作刑事判决原本注意事项》

为规范法院判决书文本的格式,璧山实验地方法院根据相关法律以及补充办法的规定,分别制定了《制作民事判决原本注意事项》(全文共计 18 条)和《制作刑事判决原本注意事项》(全文共计 24 条)。例如在民事诉讼方面,民事判决原本应将卷宗之年度字号分别记载,不可遗漏(第 2 条);当事人之法定代理人、诉讼代理人,其姓名之下,应分别记明详细住址,诉讼代理人为律师者,应记"律师"字样,不可简略以便送达(第 3 条);判决原本所列当事人或案由,因诉之变更追加致与卷面所载不符者,应将卷面更正,并命书记官将有关簿册一并更正,以便日后稽查(第 5 条);而且司法官在作出判决时应用语简要,意思应明确,给付判决,并应顾及执行程序(第 6 条);判决原本,除简易案件外,事实理由,得不分栏叙述(第 7 条);制作判决原本,字迹宜清晰,避免草书,如有添注涂改,应行盖章,并于其上方记明字数。添注涂改过多,致辨认困难者,应清稿后再行送阅(第 13 条)。

在刑事诉讼方面,刑事判决原本中,当事人栏应分别记明,自诉人或公诉人有附带民事诉讼并案判决者,应记明"自诉人即附带民事诉讼原告",如系公诉案件,应于被告后记明"附带民事诉讼原告"(第 3 条);判决原本当事人栏,除检察官外,应分别记明姓名、性别、年龄、职业、住所或居所(第 4 条);被告之辩护人为选任或指定律师者,应记明选任或指定辩护人并于其姓名下记明"律师"字样,如系指定公设辩护人者,应记明指定辩护人或于姓名下记明"公设辩护人"字样(第 5 条);科刑判决之主文,应记明被告所犯法条之要件,如所犯最重本刑为三年以下有期徒刑以下之刑之罪，而受六月以下有期徒刑拘役之宣告，应谕知"如另科罚金，与计算之标准"（第7条）；有罪判决，事实理由，得不分栏叙述；各栏首行应低二字（第13条）；等等。另外，对于附带民事诉讼与刑事判决者应注意以下事项：第一，诉无理由者，应记明"原告之诉驳回"，毋庸记附带民事诉讼字样。第二，诉有理由，如系追还财物者，应注意记明财物之金额，品贸数量，其不能返还原物时，并应注意记明其价额确实数目，以便强制执行（第12条）。

6. 其他规范

在司法改革期间，璧山实验地方法院为了更好地推动改革，亦曾陆续颁布了多部其他规范，以此保障实验法院的良好运行。例如，南京国民政府为了提高诉讼效率、保障人民权益，在全面抗战期间曾大力推行公证制度，并于1943年3月31日公布《公证法》。该法主要由总则、公证书之作成、私证书之认证以及附则四部分构成，全文共计52条。璧山实验地方法院为了宣传公证制度，根据上述公证法的内容，专门制定了《公证须知》。该公证须知简要地向人们传达了现下应行予以公证的主要事项、申请公证的主要程序以及公证应缴之费用的标准等。

璧山实验地方法院根据相关法律，制定了《诉讼须知》，共计7条。该须知规定当事人呈递诉状时，应将其住址距院若干里记明，如有直接通邮应一并说明（第1条）；诉讼所住地方如不能直接通邮，应在其附近乡场设有邮政信柜之地方指定一送达代收人，以便邮局送达文件（第2条）；为防止法院部分司法员警滥收费用之问题，该须知明确规定凡诉讼人应支付之费用，璧山实验地方法院均给相应收据，其无收据者，一概不必支付（第 5 条）；等等。除此之外，璧山实验地方法院根据现实需要，还陆续制定了《报到规则》《诉讼人休息室规则》《庶务处办事细则》等规范，以此肃清法院之陋规，维护司法威信。

第四章

司法政策的回应

国民党第五届三中全会发布声明,"对内和平统一,数年以来为全国共守之信条,盍必统一,然后可以建设现代国家,当救亡图存之大任,必和平,人人皆知精诚团结,共赴国难,以致于真正之统一"[1]。在全面抗战爆发后将近一年的时间里,国民党临时全国代表大会通过了一个决案,即抗战建国纲领,这个纲领产生了"抗战必胜,建国必成"的两个信念,为救亡图存铺设了两条大道。于"抗战"角度而言,自战事爆发,我们从没停下抗战的步伐,这自然是没有什么问题的。于"建国"角度而言,"我们究竟需要建设一个怎样的国家呢?我们的答复一定毫无疑义的是:我们需要建设一个现代的国家。至于如何才是一个现代的国家,本人以为现代的国家是由一个统一的政府,统一的法律,统一的制度,根据其本国的主义和政策而治理一切"[2]。正如张知本先生所说,国民政府当务之急就是要在全国建立一个统一高效的司法制度。因此在这样一个基本政策的指引下,民国基层司法机关璧山实验地方法院也针对政策作出了一系列回应。

一、裁量标准

《尚书·吕刑》中提道:"轻重诸罚有权,刑罚世轻世重,惟齐非齐,有伦有要。"对于刑罚的适用,在各个不同的历史时期,其轻重程度是各不相同的。根据不同时期犯罪的不同情况,应当依照客观形势制定出不同轻重的刑罚,使其符合于各个不同时期同犯罪做斗争的实际需要,这种思想和制度,既是对刑罚适用的历史总结,又反映出适用刑罚的客观规律性。自其形

---

[1] 张知本:《法治与抗战建国》,《新民族》1938 年第 4 期,第 9 页。
[2] 张知本:《法治与抗战建国》,《新民族》1938 年第 4 期,第 9 页。

成以后，即受到历代统治者和思想家的普遍重视。《尚书·吕刑》孔安国传："言刑罚随世轻重也。刑新国用轻典，刑乱国用重典，刑平国用中典。" 1937年10月29日，蒋介石在国民党国防最高会议上明确宣布："为坚持长期抗战，国民政府将迁都重庆，以四川为抗敌大后方。"[1] 11月16日，国防最高会议决议正式将中央党部、国民政府迁至重庆办公。在战争这样的大环境下，为了更快速地集中国家财力支持前方战场以及维持战争后方的经济政治稳定，政府通常都会适用比较严格的政策。在历史上，因面临战争而采取战时政策的国家不胜枚举，最著名的就是苏俄。而国民政府则是在总体上采取战时政策，在经济上采取战时统制经济政策，在立法上也常常颁布非常时期的法令。

在民国立法上，查看民国时期的资料档案，法令多以"非常时期"四字作为开头。例如《非常时期监犯调服军役条例》《非常时期检察权行使暂行办法》《非常时期特种考试暂行条例》。除此之外，还有许多极具战时特色的法令，例如《战地守土奖励条例》《抗战功勋子女就学免费》《优待出征抗敌军人家属条例》《妨害兵役罪条例》《妨害抗战治罪法》《海陆空军的抚恤条例》《国民参政会组织条例》等。战争时的社会状态对前方战场有着极其重大的影响，所以安定社会秩序是国民党政府的当务之急，而休整社会秩序的刑事法规首当其冲，是政府社会治理的重中之重，因此国民党政府才制定了特别刑事法规，这些特别刑事法规在整体上都有一个明显的特征——重刑主义。毛焕明在《抗战环境下之民刑法律问题》中评述战时刑事特别法令的问题有：第一，公布实施的特别刑事法令支离分

---

[1] 蒋顺兴、孙宅巍主编：《民国大迁都》，江苏人民出版社1997年版，第187页。

散，叠床架屋。第二，重要条例，多次规定。"又如食粮资敌治罪条例所处罚之行为，大部又包括于汉奸惩治条例之内。"[1]第三，在和平时期不纳入犯罪处罚的行为纳入刑事特别法令中。"他如逃避资金购买外汇之行为，在平时固非定罪行为，但于抗战时期，资金以外之安定，乃战争之决定条件之一，自未可轻于放认。"[2] 针对上述缺点，毛焕明提出了以下建议：

> 上述缺点，均系与抗战建国之工作有关，极应予以补救。惟补救之道如何？厥在于将现行公布之各种形式特别法令，加以统一规定，除其重复，增其疏漏，并以"中国民族之保护"为本法之最高立法原则，以适应抗战建国之需要。本此原则，则昔日传统之法令观念，凡不足为民族之保护者，皆应在废弃之列，愚谨提出极宜注意二点，以供参考。
>
> （甲）应以类推解释代替罪刑法定主义：今日已非个人自由主义之时代，乃超个人之全经主义之时代。其以保护个人自由之罪刑法定主义，在全体主义之今日，已不复为一不可变之立法原则。况在抗战建国其中"民族至上"，乃属天经地义。个人自由之保护，应在国家民族保护之限制内为之，苏联为保护其革命政权，其刑法第十六条规定曰："对于社会之危险行为，在本法中，无直接规定者，准据本法中性质上对于该行为最类似之犯罪之规定条款，而定其责任之基础与范围。"德国刑法，亦继此而为否定罪刑

---

[1] 毛焕明：《抗战环境下之民刑法律问题》，原载《中华法学杂志》第2卷第1期，转引自居正、张知本等：《抗战与司法》，独立出版社1939年版，第45—47页。
[2] 毛焕明：《抗战环境下之民刑法律问题》，原载《中华法学杂志》第2卷第1期，转引自居正、张知本等：《抗战与司法》，独立出版社1939年版，第45—47页。

法定主义之规定。亦难免有疏漏之处。故为保护国家民族之安全，不使危害抗战建国工作之犯罪行为，有所脱逃，自须于战时特别刑事法规内，仿照苏德立法例，对于抗战建国之危害行为，排除现行法第一条之规定，使司法机关得用类推解释，俾收保护国家民族之效能。

（乙）废除无期徒刑：无期徒刑之犯人，除思想犯外，多系天性习恶不悔之民族败类，据各国统计结果，假释出狱后，大部仍变本加厉，侵扰社会，绝少改悔之可能。故学者有主张废除此刑制，凡应处无期徒刑者，处死刑可也。苏联对于十年以上有期徒刑及无期徒刑，均经废止，即采此说者也，我国值此抗战时期，管理监狱犯，甚感困难。若非于战时特别刑法上，采此学说，则于社会秩序安全上收益必大。盖我国监狱管理不良缺少感化作用，犯人入狱，徒增其仇视国家社会之心理，中途释出，未有不再危害社会秩序者。所谓假释制度，不过仅具其名！被处无期徒刑之犯人，绝未因之而行之效，事实上既属如是，何若即处以死刑，免其长期受囚禁之苦，因国家民族已至极艰危之秋！为国家民族之最高利益着想，故敢作此大胆之主张！若以个人之自由主义衡之，则殊未可谓然者也。[1]

为了简化诉讼程序，快速结案，国民政府将内乱、外患、妨害秩序、烟毒、贪污、盗匪、汉奸等案件列为特种刑事案件，由军法机关审理。在战争时期，通敌叛国的行为必定会被列为重点进行处

---

[1] 毛焕明：《抗战环境下之民刑法律问题》，原载《中华法学杂志》第 2 卷第 1 期，转引自居正、张知本等：《抗战与司法》，独立出版社 1939 年版，第 45—47 页。

理，汉奸罪尤为明显。《惩治汉奸条例》第 2 条有以下规定：

通谋敌国，而有下列行为之一者为汉奸，处死刑或无期徒刑。

一、图谋反抗本国者。

二、图谋扰乱治安者。

三、招募军队或其他军用人工、役夫者。

四、供给、贩卖或为购办、运输军用品或制造军械弹药之原料者。

五、供给、贩卖或为购办、运输谷米、麦面、杂粮或其他可充食粮之物品者。

六、供给金钱资产者。

七、泄漏、传递、侦查或盗窃有关军事、政治、经济之消息、文书、图画或物品者。

八、充任向导或其他有关军事之职役者。

九、阻碍公务员执行职务者。

十、扰乱金融者。

十一、破坏交通、通讯或军事上之工事或封锁者。

十二、于饮水、食品中，投放毒物者。

十三、煽惑军人、公务员或人民逃叛通敌者。

十四、为前款之人犯所煽惑，而从其煽惑者。

犯前项各款之罪，情节轻微者，处五年以上有期徒刑。

从上述条例我们可以看出国民党政府对汉奸罪的量刑标准是较高的。仔细考察当中的行为，我们发现只要"供给贩卖食粮"都被纳入汉奸罪的犯罪行为之中，可见国民党政府对于从事通谋敌国的处罚范围之广，在一些具体的案件审判中，司法机关通常也都做顶格处罚。

除了汉奸罪，国民党政府对于贪污犯罪的处罚力度也是比较大的，犯贪污罪的量刑为死刑、无期徒刑或十年以上有期徒刑。以对贪污犯罪的处理为例。[1] 被告张某池为警察局侦缉警员，王希为船夫。1945年8月4日，张某池押解犯人张某义时收受贿赂二千元，同月19日押解犯人王希、王某。王希、王某连续在临江门香国寺等处扒窃不知姓名人之法币、皮鞋等。两人在被侦缉队捕获后，于8月19日向张某池交付贿赂一万元让其脱逃，经警察局捕获后移送到院，检察官侦查起诉。被告张某池、张某义在侦缉队对于如何收受张某义贿赂，如何逃脱、如何交付贿赂已分别自白不讳，被告王希与王某承认共同连续窃盗并向张某池行贿，张某义亦证明被告张某池确有收受其贿赂二千元之事，并且张某池押解王希等犯人服役时均加有铁链，控制甚为便利，如果不是故意放开也难以脱逃。这与王希所供认交贿以致脱逃情形正相吻合，足证被告等之犯罪均属确凿无疑，张某池纵放人犯为违背其职务之行为，其收受贿赂而纵放系属另一犯行，并应加以处罚。嗣后，璧山实验地方法院作出《三十四年度特诉字第177号刑事判决》，认定张某池违背职务收受贿赂，处有期徒刑十年，褫夺公权十年，又对于职务上之行为收受贿赂处有期徒刑七年，褫夺公权五年执行，合并有期徒刑十二年，褫夺公权十年；张某池收受之贿赂一万二千元应追征没收之。该案中，受贿金额一万二千元不算高，张某池被判处12年有期徒刑，罪与罚明显失衡。

---

[1] 《重庆实验地方法院刑事判决三十四年度特诉字第177号》，重庆市璧山区档案馆馆藏民国档案，档案号：12-1-673。

又如妨害兵役的行为，以安玉堂与王洪德案为例。[1] 安玉堂之子安海荣应服兵役，曾有该管保甲人员征集，于1944年5月8日尚未入营以前，籍医病为名，潜逃无踪，安玉堂遂于同年7月17日在本城小东门外车站附近，由在逃之周某介绍，以一万七千元之代价，雇请王洪德顶替，王洪德分得八千五百元，及至璧山县政府予以验收后，复于同日翻墙而逃，路经法院办公室前，为检察官截获，予以侦查起诉。经审理查明，被告人供词与事实相符，被告安玉堂、王洪德自应分别负使人顶替兵役及顶替兵役罪责。惟查被告安玉堂系一乡愚，又年事衰老，犯罪情状可以悯恕，爰予减轻其刑二分之一，被告周某、安海荣均在逃，俟获案另结。璧山实验地方法院作出《卅三年度诉字第69号刑事判决》，安玉堂使人顶替兵役减处有期徒刑三年又六个月，褫夺公权三年；王洪德顶替兵役处有期徒刑七年，褫夺公权三年，没收法币八千五百元。按照《妨害兵役治罪条例》第15条的规定：使人顶替兵役者，处死刑、无期徒刑或七年以上有期徒刑，顶替或介绍顶替者亦同。该案中，璧山实验地方法院的判决属于顶格处罚。

又如经济犯罪，也存在严厉打击的现象。以璧山大戏院漏贴印花税票案为例。[2] 1943年，财政部川康直接税局璧山分局函告璧山实验地方法院，璧山大戏院门票漏贴印花税票商情法办，内称："窃职等本月十日于璧山大戏院公演场中发现该院所有售出之十元，十五元，二十元，各种入场券或只贴印花贰角

---

[1] 《四川璧山实验地方法院刑事判决卅三年度诉字第69号》，重庆市璧山区档案馆馆藏民国档案，档案号：12-1-799。
[2] 《璧山大戏院漏贴印花税票案》，重庆市璧山区档案馆馆藏民国档案，档案号：12-1-394。

纸或完全未贴纸或贴纸肆角而不注销,既不按府令颁布之新税法贴用,即旧税法税率亦未贴足,职等当即持券向该院经理李禄安询问未照章贴足理由,伊不但不予答复,且该院职员竟敢当场毁骂侮辱公务人员,似此情形,影响税收税政实在匪浅,兹特将职等所研购之入场券五张随文赍请钧座鉴核处理,等情,据此,查该戏院开幕时为据申报本局,曾由本局通知遵照新颁布印花税法遵贴在案。乃经派员抽查仍复违法漏税,相应检同查获漏贴印花门票五张,甬请贵院查照法办为荷!"

随后璧山实验地方法院传召璧山大戏院经理李禄安进行讯问,但是李禄安因生病委任刘光文进行全权代理,讯问笔录[1]记载如下:

> 讯问笔录
> 当事人到庭
> 问:姓名、住址、职业?
> 答:刘光文,本城人住三一俱乐部,负推陈责任。
> 问:现在璧山大戏院所发的戏票由何人制发的?
> 答:三一俱乐部制发的。
> 问:印花税由何处贴的?
> 答:印花是售票房贴的。
> 问:璧山大戏院演戏为营业性质吗?
> 答:为建筑滑翔机中央司令台演戏三一俱乐部代建修费制衣的戏票卖的,归建修费收我吗代他办的事,是募捐性质。

---

[1]《璧山大戏院漏贴印花税票案》,重庆市璧山区档案馆馆藏民国档案,档案号:12-1-394。

问：李禄安为何不来？

答：他因病不起，我来代理陈述。

问：为何不照印花税法贴印花呢？

答：建修委员会说不贴，新税法我也不清楚。

问：璧山大戏院演戏演出何时止？

答：以修好滑翔机司令台为标准，现继续演下去。

谕：先为庭录笔，退庭。

1943年3月15日，璧山实验地方法院裁定被告三一俱乐部因违反印花税法，处罚金五十元，又贴用印花不足定额之娱乐票四件为处罚罚金五十元，令并处罚金二百五十元并因补贴印花七元。罚金应于裁定确定后五日内完纳，逾期强制执行。按照印花税法第18条的规定，对于不贴印花税票的酌处应纳税额的20倍以上60倍以下罚金，其贴用不足额者减半处罚，本案中未查明应纳税额的具体金额，也未查明是否漏税，径直处罚，有点畸重。

与此同时，战时国民政府在粮政、盐政、物价管制、经济统管、金融财政、赋税、军婚保障、电影出版、农矿工商、水利、渔业等方面均制定或修订了法律法规和单行条例，试图规范各种社会关系，并引入大量的刑事责任条款或科以重罚，用刑罚的手段来维护统治利益。如，1941年5月20日颁行的《非常时期违反粮食管理治罪暂行条例》规定，囤积居奇按涉案数量分别处罚：谷物5000石或小麦3000石以上者处死刑或无期徒刑，谷物3000至5000石或小麦1800至3000石者处无期徒刑或十年以上有期徒刑，谷物1000至3000石或小麦600至1800石者处三年以上十年以下有期徒刑，谷物500至1000石或小麦300至600石者处三年以下有期徒刑，谷物200至500石或小麦100至300石者处六个月以上一年以下有期徒刑,谷物 50 至 100 石或小麦 30 至 100 石者处拘役或 1000 元以下罚金,并没收全部粮食。[1] 再如,1942 年 7 月 2 日,修正了《中华民国营业税法》,第 18 条规定:"营业商号意图逃脱而伪造账簿或虚伪填报营业收入额或营业资本额者,除责令补税外,处以所漏税额一倍至五倍之罚锾(锾);情节重大者并得处一年以下有期徒刑或拘役。"[2] 1942 年 8 月 11 日颁行的《出征抗敌军人婚姻保障条例》规定,在抗敌军人出征期间,其妻与他人订婚者除婚姻无效外,处六个月以下有期徒刑或拘役或 1000 元以下罚金;重行结婚者除撤销婚姻外,处七年以下有期徒刑并科 5000 元以下罚金;与人通奸、相奸者处三年以下有期徒刑并科 3000 元以下罚金;未婚妻与人通奸、相奸者处六月以下有期徒刑或拘役或 1000 元以下罚金。[3]

二、缓起诉与不起诉

璧山实验地方法院施行的缓起诉制度是该制度在我国的第一次施行,在此之前,对刑事案件的处理只有起诉与不起诉两种模式。《实验地方法院办理民刑诉讼补充办法》第 25 条至第 35 条均为有关缓起诉制度的规定。对于轻微的刑事案件,检察官认为以缓起诉为适当者,可处以期限为一年以下的缓起诉处分,并且可以命令被告道歉、立悔过书和支付抚慰金等;受缓

---

[1] 参见司法行政部编:《司法法令汇编》(第二卷 刑事法令),上海法学编译社 1947 年版,第 90—91 页。
[2] 参见司法行政部编:《司法法令汇编》(第二卷 刑事法令),上海法学编译社 1947 年版,第 115 页。
[3] 参见司法行政部编:《司法法令汇编》(第二卷 刑事法令),上海法学编译社 1947 年版,第 94—96 页。

起诉处分者，在缓起诉期内交付保护管束，若其在此期内故意犯罪、有应赔偿的损害而不履行或其他违反保护管束规则的，检察官可撤销缓起诉处分，随时起诉。

抗战大后方当时面临着战乱、司法经费短缺、司法人员不足等一系列困境，各类案件的数量不断增加，案件积压严重，提高司法效率是建立璧山实验地方法院的重要目标之一，司法行政部第 5847 号训令中指出：

> 为令遵事查民刑诉讼程序繁重，兹值非常期，如办理迟滞不独，羁押中之刑事被告有发生意外危险之虞，即民事两造其感受拖累之痛苦，亦较平时更为深切。各级法院及检察官应共体斯意在法令所许范围以内，对于诉讼程序务求敏捷裁判及其他书类之制作务求简单以节时间，而便人民，除分令外，合丞令仰该部通饬所属一体遵照此令，等因奉此，除分令外，合丞令仰。[1]

19 世纪末 20 世纪初，原来单一的理论模式开始松动，起诉便宜主义理论逐渐兴起，这一理论是缓起诉制度产生的基础。受到报应刑理论的影响，最初在刑事程序理论中奉行严格的"有罪必诉"的起诉法定主义，所谓起诉法定主义，也就是起诉权的行使必须严格依据法律的规定，检察官在起诉问题上没有权利进行处分。在这种原则下，能最大限度让罪犯受到惩罚，但随着经济不断繁荣，犯罪数量也逐渐增加，出现了许多新的犯罪类型和犯罪手段，使有限的司法资源不堪重负。此外，起诉法定主义使得

---

[1] 司法行政部编：《战时司法纪要》，司法行政部 1948 年版，第 101 页。

轻微的刑事犯罪也必然会受到刑罚制裁，对轻微刑事犯罪一律施以自由刑或财产刑反而会不利于对犯罪者的改造。

缓起诉制度引进的目的：一方面是为了缓解当时司法资源的紧张，提高诉讼效率，缓解案多人少的矛盾；另一方面可以对犯罪者进行感化教育，使其尽早回归社会。璧山实验地方法院对该制度的实践取得了一定的成效，但由于经验缺乏也存在一些问题。

按照《实验地方法院办理民刑诉讼补充办法》的规定，缓起诉制度在实践中对处理轻微刑事案件、提高诉讼效率有一定成效。如在陈某远告胡某如伤害及毁损案中，检察官认为，被告胡某如与原告陈某远因被害人酒后言语误会发生抓扯，而被害人所受伤痕尚属轻微，衣服亦尚可补用，审酌案情，最后作出处理结果：缓起诉处分三个月。该案的收案日期是 1943 年 4 月 10 日，结案日期是 1943 年 4 月 12 日，从收案到结案仅用了三天时间，可见其结案效率之高。[1] 在案件处理过程中，仅有检察官一人，书记官一人参与。不需要占用过多的人力资源也有利于缓解当时司法人员紧张的情况。该案件中犯罪者造成的伤害不大，且主观恶性较小，若对其进行起诉不但会造成司法资源的浪费，也会让犯罪者陷入繁杂的诉讼程序中，同时定罪量刑后容易和其他犯人"交叉感染"，更不利于对犯罪者进行教育，帮助其早日回归社会，适用缓起诉制度不但可以对犯罪者起到教育作用，同时也可以节约司法资源，提高诉讼效率。璧山实验地方法院在其第一年的工作总述中表述了实行缓起诉制度的成效：

---

[1]《陈某远告胡某如伤害及毁损案》，重庆市璧山区档案馆藏民国档案，档案号：12-1-985。

前间自二十五条至三十五条关于缓起诉处分之规定，刑法第六十一条所列各罪案件情节轻微，依刑诉法第二百三十二条因得为不起诉处分，但犯罪业已证明反受不起诉处分之惠，未免滋长被告之犯罪心理，而被害人不得其平，必申请再议，转头两造受累，缓起诉处分既可予被告以自新之路，以观后效。而被害人受被告之道歉或支付抚慰金与立悔过书，精神上有所安慰，诚恳事实，人之道施行以来，颇著成效，为刑事诉讼程之新进步。[1]

从璧山实验地方法院检察处1942年5月至12月办理缓起诉处分案件统计表来看，其中缓起诉案件每月多则5起少则1起。5月至12月璧山实验地方法院共收到刑事案件469件，但缓起诉案件仅有16件，其中还有两件因被告不服而依法起诉，缓起诉案件只占刑事案件总数的3%（表4-1）。

表4-1　璧山实验地方法院检察处1942年5月至12月
办理缓起诉处分案件统计[2]

类别		五月	六月	七月	八月	九月	十月	十一月	十二月	合计
缓起诉处分案件总数		2	1	3	2	5	1	1	1	16
声明不服	告诉人		1							1
	被告					1		1		2
	合计		1			1		1		3

---

[1]《璧山实验地方法院一年来总述》，重庆市璧山区档案馆馆藏民国档案，档案号：12-1-996。

[2]《璧山地方法院与璧山实验地方法院1942年5月至12月法收数目比较表、案件统计》，重庆市璧山区档案馆馆藏民国档案，档案号：12-1-1121。该表内容和格式与原文一致。

续表

类别	五月	六月	七月	八月	九月	十月	十一月	十二月	合计
声明结果		无理由驳回			撤销原处分依法起诉		撤销原处分依法起诉		
附记									

由此可见，缓起诉制度本身虽然可以缩减诉讼程序，提高司法效率，但在最初施行的1942年中由于使用次数有限，并未对整体诉讼效率的提升有太大影响。出现这种现象的原因，一方面是璧山地区人员较少，故而试用机会少，另一方面这次实践是缓起诉制度的第一次引进试验，在制定规则时更加谨慎，所以将适用范围限制得较小。

三、推行和解

除了快速高效地解决纠纷，璧山实验地方法院厉行调解制度也有不少成果。璧山实验地方法院的调解是指正式开始诉讼程序之前，在有管辖权的法院主持下双方进行纠纷解决；和解是指在开始诉讼程序之后，诉讼双方达成和解。而现今只存在调解制度，和解并不是一种独立的诉讼程序，而且调解也贯穿于诉讼活动始终，不论是诉讼程序开始前还是诉讼程序开始后都可以调解结案。璧山实验地方法院厉行调解这一实践在前文已经提及，而厉行调解最为显著的作用就是通过调解、和解的方式对法院的诉讼案件进行分流，将一部分案件以调解、和解的方式提前或者中途解决，不仅节约了诉讼成本，还尊重了诉讼双方当事人的意志，彰显司法的宽容度。

虽然相对于通过判决方式结案的数量而言，一个月内以和解结案的数量较少，但是，在璧山实验地方法院厉行调解之前，调解、和解的运用微乎其微。从宏观角度看，1943年一整年以调解结案的数量就比较可观（表4－2）。

表4－2 璧山实验地方法院应行造报1943统计年报清单[1]

造报机关	案件种类	受理件数 共计	受理件数 旧受	受理件数 新收	终结件数 共计	调解成立 选任调解人	调解成立 推举调解人	调解不成立 选任调解人	调解不成立 推举调解人	未结案件数	备考
三十二年璧山实验地方法院	人事	6		6	6	1	4		1		
	建筑物										
	船舶										
	金钱	15		15	14	1	3	5	5	1	
	土地	40	4	36	40	3	17	19	1		
	粮食	4		4	4				4		
三十二年璧山实验地方法院	物品	10		10	10		8	2			
	证券	1		1	1		1				
	杂件	4		4	4			3	1		
	总计	80	4	76	79	5	32	30	12	1	

从1943年一整年的调解案件总结中可以发现，璧山实验地方法院的调解结案率较高。总计79个案件都已经结案，不论是最终以调解的形式结案还是当事人不服从调解重新提起诉讼结案，案件都已完结，仅有一个案件未结，结案率高达98.8%。从案件种类来看，通常人事、金钱、土地、粮食、物品运用调解比较多，船舶、建筑物、证券运用调解比较少甚至没有。这

---

[1]《璧山实验地方法院应行造报1943统计年报清单》，重庆市璧山区档案馆馆藏民国档案，档案号：12－1－102502。该表内容和格式与原文一致。

是案件本身的特性造成的，涉及人事、金钱、土地等案件标的额一般较小，就是普通百姓间寻常发生的法律纠纷，案件性质较为简单且带有较强的人文特性，以调解结案比较适合。而船舶建筑标的额比较大，案件较为复杂，专业性较强，以调解结案不利于当事人的利益保护，更不利于维护法律的专业性、威严性。以官某某与官简氏民事调解案为例，"官某某籍居江北以茶馆为业，娶妻简氏过门，已十余年，生育一子，名官某顺，年十四岁，讵于去岁，古六月内间该氏不知被何人诱拐，竟陡然潜逃，将官某某所有现款十一万余元及金戒三枚，衣物等件席卷一空。官简氏与其子官某顺母子二人一同逃飏。官某某知天网不漏，旋于1944年3月内外遍访得果，于3月间获该简氏母子两人均在贵地丁家乡横街田清河家落住。人皆早知，官某某以人地两疏，未便惊询，恐其避匿查该简氏实属心毒太甚惨。于是请璧山实验地方法院派人前往抓捕"[1]。璧山实验地方法院接到官某某的起诉书后立即传讯被告到案，最后以调解结案。古语云"清官难断家务事"，此案件的属性是民事领域的婚姻、财产纠纷，且案情较为简单。由于案件的私密性和简易性等特点，以调解的方式结案是最为恰当的，调解的厉行让这一类案件能够快速结案，既尊重了当事人的隐私，也维护了当事人的自尊，更节约了司法成本，加快了案件的审结速度。

另以和解案来阐述和解对于结案率提升的作用，以牟某某与胡某某案为例。原告牟某某及其代理人陈述，和解已合法成立，被告胡某某应遵照和解协议履行，被告胡某某竟以不知战

---

[1]《官某某与官简氏传案侦讯五十一》，重庆市璧山区档案馆馆藏民国档案，档案号：12-1-679。

时房屋租赁条例之颁布为理由,欲撤销和解。被告抗辩道,承租原告之房屋乃分租军政部战员邓股长居住,被告愿依和解笔录于 1944 年 6 月搬迁,而邓股长不愿搬离也不愿意增加房租。依战时房屋租赁条例之规定,房租仅能增加 3%。被告称其不知此种规定,导致和解时承诺给付租金 3000 元并赔偿损失 1000 元,和解协议之成立纯系张某某的劝解,被告在情感驱使下作出这种允诺,现在希望依民法第 378 条之规定撤销和解,依法执判。和解之撤销应有得以撤销之原因,本案被告以承租人即股长不肯搬迁,反依《战时房屋租赁条例》的规定增加租金不得超过 3%,以至于和解时承认给付租金 3000 元为由,想要撤销和解协议。经查证承租人即股长与被告未订立租赁合同,并没有租赁关系。被告不愿负次承租人返还房屋的责任,现在次承租人虽不同意此项和解,但是不可因承租人与该被告之间的关系来充当撤销和解的理由。至于战时房屋租赁条例第九条规定出租人请求酌加租金时不得超过原租金 3%,本案和解笔录所记载给付欠租 3000 元既非出诸原告之请求乃由于被告之意愿,无违背以上规定,均不能为撤销和解之原因。[1]

此案是以调解结案的,但是被告以不知战时房屋租赁条例之颁布,申请撤销和解,璧山实验地方法院以被告给出的理由不满足撤销和解继续审判程序的规定,驳回了被告继续诉讼程序的请求。从这里我们可以看出,璧山实验地方法院已经将厉行调解、和解原则贯彻落实到具体审判程序当中,首先是以调解来协调双方的搬迁交业纠纷,其次是在当事人不愿受和解协

---

[1]《四川璧山实验地方法院民事判决卅三年度诉字第四六七号》,重庆市璧山区档案馆馆藏民国档案,档案号:12-1-804。

议的约束提出重新开始审判的时候仔细审查当事人撤销和解的理由,璧山实验地方法院经过审理斟酌之后才驳回当事人的请求,将厉行调解贯彻到了深处。

不管是调解还是和解的推行,都对积压案件的解决起到了不容忽视的作用,虽然以传统判决结案的数量较多,但是在厉行调解后仅一个月就有六起以调解来结案已经是一个比较大的突破。抗战时期法院对于内部审结案件数量的考评也会将和解结案数量纳入,也是对于厉行调解政策的回应,所以调解、和解缓解了法院案件审理的压力。案件的减少意味着纠纷得到了解决,在抗战这一大环境下,纠纷化解无疑对于稳定大后方的秩序起到了重要作用。特别是在抗日战争后期,受日军强占、压迫、剥削的一些民营资产、工厂出现所有权混乱现象,人员流动导致的婚姻家庭问题,在璧山实验地方法院运行后都得到了快速解决。社会秩序的稳定和恢复在一定程度上彰显了法律的价值正义,适用法律的法院正是用这些实践维护了法律的正义,彰显了法律的价值。

四、扩大受案范围

《实验地方法院办理民刑诉讼补充办法》规定:"关于自诉范围采扩张主义,故规定凡得为告诉之人均得提起自诉,得自诉之案件经告诉者除告诉人有反对表示或侦查终结者外,检察官应移送法院按自诉程序办理盖,所以缩短诉讼程序以期案件之迅结,实行以来颇著成效。"[1] 在诉讼主体方面,《实验地方

---

[1]《璧山实验地方法院第三次工作报告》,重庆市璧山区档案馆馆藏民国档案,档案号:12-1-1010。

法院办理民刑诉讼补充办法》第 37 条规定，被害人及其他可以告诉之人均可以提起自诉。相较于《刑事诉讼法》规定的自诉人限于被害人且必须是"有行为能力者"，并且对直系尊亲属及配偶不得提起自诉，补充办法对可以提起自诉的主体范围予以扩大，"刑诉法凡无行为力人及对直系尊亲属或配偶间不得提起自诉，本条无此限制以扩大自诉之范围"[1]。

如在戴某清告诉李某安侵占案中，自诉人虽以被告李某安于自诉人之父戴某田病故后，代自诉人管理家产，从自诉人家中受卖产业所得业价内，侵占三万余元，又侵占自诉人寄放被告处柏树九根等，提起自诉，并附带民事诉讼请求。然而被告辩称，自诉人家中变卖产业，被告并未过问，何得侵占业价，而寄放柏树一节，亦系寄放被告佃户业世昌所租被告房屋内，亦经业世昌全数返还于自诉人，坚决不承认有侵占其事，后经过审理，询问证人成买产业的戴某宾亦证明，诉争柏树十一根已经完全还了，业价当时是交给中人的，被告当时不在场。此外，调查又无确切证据足以证明，故被告应无罪，附带民事诉讼的原告之诉依法应予驳回。[2]

从该案件中我们可以看出，司法实践中，自诉人不再只限于被害人本人，被害人的配偶、亲属等也可作为自诉人提起诉讼。运行一段时间后，璧山实验地方法院就本条的适用提出建议：

> 本条规定意在扩张自诉范围，但仍期望减少诉讼程序，

---

[1]《璧山实验地方法院一年来总述》，重庆市璧山区档案馆馆藏民国档案，档案号：12-1-996。

[2]《璧山实验地方法院关于审理戴某清告诉李某安侵占案卷宗》，重庆市璧山区档案馆馆藏民国档案，档案号：12-1-11602。

本院检察官关于移送自诉办法虽曾逐渐推行，惟对于犯罪嫌疑不足或行为不法及稍经侦查即可得其真相者，则仍依侦查程序办理，盖若不加审核径予移送使告诉人藉自诉人之地位得一再上诉之机会，反不如予以不起诉处分，后仅得申请再议较为简捷也。[1]

有关扩大自诉范围、简化自诉程序的规定，在实际执行过程中并非都取得了良好的成效，璧山实验地方法院提出相应的建议：其一，得撤回自诉或以撤回自诉论之告诉人乃论罪之案件，应加限制。查告诉乃论之罪得撤回者，依现行刑事诉讼法第 217 条第 1 项但书规定，将本刑为七年以上有期徒刑以上之刑者除外，实验地方法院办理民刑诉讼补充办法关于撤回告诉，既未增设变更上开条文之明文，则同办法第 40 条、第 41 条所规定可以撤回自诉及刑事自诉案件，亦应加相同限制，而昭划一。[2] 其二，璧山实验地方法院认为自诉范围不宜过分扩张，检察官在 1943 年作出自诉判决共 145 份，其中全部谕知无罪共 94 份，一部谕知无罪者 16 份，科刑判决仅占 24%。[3] 自诉虽然能够在一定程度上简化诉讼程序，但自诉范围的过分扩张也是案件数量增加的原因之一。璧山实验地方法院认为：

---

[1]《璧山实验地方法院第二次工作报告》，重庆市璧山区档案馆馆藏民国档案，档案号：12-1-985。
[2]《璧山实验地方法院改善试验方案意见书》，重庆市璧山区档案馆馆藏民国档案，档案号：12-1-677。
[3]《璧山实验地方法院改善试验方案意见书》，重庆市璧山区档案馆馆藏民国档案，档案号：12-1-677。

自诉范围应否扩张，素为理论家及实用者所讼，依实验地方法院办理民刑诉讼补充办法第三十七条、第三十八条、第四十三条规定，凡得为告诉之人，均得提起自诉，犯罪事实之一部提起自诉者，他部虽不得提起自诉，亦以得提起自论。得自诉之案件，经告诉者，检察官应即移送法院按自诉程序办理云云。已将自诉范围扩大。立法意旨当系鉴于现在检察机关，毫无成就，不如厉行自诉，反可缩短诉讼程序。惟查吾国检察机关缺乏表现者，基于客观环境者多，是故扩大自诉范围，并不能减少诉讼程序，且单独仅将自诉范围扩张，而不尽量改善其他之自诉程序，反易发生弊端。自诉制度，将诉追犯罪之权，操诸私人之手，诉追与否，听诸私人自由，应诉而不诉，不应诉而诉，是否合于刑事诉讼之目的，尤不无权驳之余地。故自诉范围实不宜扩张，如以为检察制度存在缺陷，不如取消检察制度，将其职权分别情形赋予推事及司法警察官行使，较为彻底也。[1]

璧山实验地方法院的改革以提高诉讼效率为重要目的，在当时检察机关职能表现不佳的情况下，一味扩大自诉范围，采用诉讼不限制主义，对于减轻讼累，提高诉讼效率，必然也有一定的负面影响。

五、减轻人民诉累

全面抗日战争时期，国家财政收支严重失衡，司法经费短

---

[1]《璧山实验地方法院改善试验方案意见书》，重庆市璧山区档案馆馆藏民国档案，档案号：12-1-677。

缺。璧山实验地方法院从降低诉讼成本出发,在送达、执行、文书制作、诉讼费用等方面均有降低成本的举措,"上开送达节本之规定,系固战时钧价较贵,蜡纸不易购买,且恐有时而窘,不得已之办法,如该并无上开困难,或有复写纸可以替代,可斟酌情形,仍旧办理"[1]。同时,当时学者也对诉讼费用的高昂多有批评,一个民事案件,其诉讼费用名目多样,如有审判费、状纸费、抄录费、勘验费、送达费、上诉费,甚至还有鉴定费、查封费、翻译费、广告费等。当事人申请查封、拍卖、估价等,每申请一次,必须缴纳一次的费用,多次申请,必须缴纳多次费用,到了案件终结进入执行程序时,更须缴纳强制执行费用,这对当事人造成了极大的负担。鉴于此,璧山实验地方法院进行了一系列改革,以降低当事人的诉讼成本。

1. 文书送达

四川高等法院在送达方面提出了一些新的方案,希望能降低送达方面的成本。首先,在执达员与法警的工作分配上,较以前的各司其职安排更为灵活,"对于执达员与法警承办事务准其互相替行,藉等交配,节省人力"[2]。后又强调,关于执达员法警互代承办事务部分,因为执达员、法警的智职能力、程度不齐,送达事务固然可以互相替代,但如民事执达员交业等事务,刑事具体搜索等事务,法警是否可以相互代替,视具体情形进行工作交换。

在传票送达上,提倡以更加便捷的方式来送达:除民事简

---

[1]《四川高等法院关于检发修正行政诉讼法给璧山实验地方法院的训令》,重庆市璧山区档案馆馆藏民国档案,档案号:12-1-1211。

[2]《四川高等法院关于饬知变更现行诉讼法规办法给璧山实验地方法院的训令》,重庆市璧山区档案馆馆藏民国档案,档案号:12-1-1211。

易案件外，关于证人、鉴定人的传唤，应当送达传票，但出于经济方面的考虑，四川高等法院指示，一切民刑案件中对证人、鉴定人的传唤，均可以低成本方式进行，例如以电话或其他方法通知。[1] 对于传唤证人、鉴定人，根据各县电话设备的情况，如不用票传，可以当庭告知当事人自邀证人、鉴定人到庭备讯，或用其他简便方法通知。[2]

同时，璧山实验地方法院开始实行邮寄送达。

> 依照民事诉讼法第124条之规定，法院本可适用邮务送达办法，惟我国邮差向无前条文送达智识，且荒僻乡村又多无邮政信箱，故民诉法上此种规定几等具文，现本院为试行此种制度，起见对于民事诉讼当事人之能直接通邮者，先将无关上诉抗告及就审期间之文件酌交邮局送达，所有邮费向当事人预征赎入卷内定式纸袋由承办该案书记官为之随时支付，俟案结时予以结算，有余即行寄还，实行以来尚属便利。[3]

此外，由于辖区范围较大加之交通不便，所以实行司法助理员轮班的方式送达文书。璧山实验地方法院管辖区域较广，方圆120余里都是其管辖区，而司法助理员仅有12名，如果每天不断

---

[1]《四川高等法院关于饬知变更现行诉讼法规办法给璧山实验地方法院的训令》，重庆市璧山区档案馆馆藏民国档案，档案号：12－1－1211。

[2]《四川高等法院关于饬知变更现行诉讼法规办法给璧山实验地方法院的训令》，重庆市璧山区档案馆馆藏民国档案，档案号：12－1－1211。

[3]《璧山实验地方法院第一次工作报告》，重庆市璧山区档案馆馆藏民国档案，档案号：12－1－1121。

地将每日应发文件分途送达，势必不敷，如果没有私自雇人送达就会使文件积压，所以璧山实验地方法院为预防起见，规定每星期发送文件2次，并将司法助理员分成甲乙二班，第一次文件由甲班送达，第二次即由乙班送达，如此轮流周转减轻了各司法助理员送达的困难，而且可以平均劳逸。司法助理员轮班的方式实行以来，不仅送达迅速，而且没有找熟人代送的弊端。[1]

2. 文书制作

在文书制作方面，璧山实验地方法院也力求降低成本。

> 关于裁判改用节本送达部分。查所谓节本应依最高法院送达节本前创只录主文，其余均可省略，惟仿应将上诉日期于节本内注明，当事人收到等本，如有不服，可用简易方法于不交期间内付声明，准其抄录全文，补具上诉理由。[2]

后又根据变更现行的诉讼法规办法四项进行细化，又作出具体训令以补救各法院经费员额不足，变通办法有关事项：如起诉书及不起诉处分书，均可以节本送达；法院代抄文书由缮状处办理，其收费标准与缮状费相同，但应受送达人确系无力缴费经核准者，免予收费；节本除记明受裁判或受处分人姓名、案由、文书制作年月日（盖印）、推事、检察官及书记官姓名外，得仅记载裁判主文，或起诉、不起诉字样；

---

[1]《璧山实验地方法院第二次工作报告》，重庆市璧山区档案馆馆藏民国档案，档案号：12-1-985。
[2]《四川高等法院关于饬知变更现行诉讼法规办法给璧山实验地方法院的训令》，重庆市璧山区档案馆馆藏民国档案，档案号：12-1-1211。

民事申请事件经法院准许者，得不另作裁判原本等。

在为法院节省经费之外，更重要的方面在于给予当事人诉讼的便利，璧山实验地方法院在《制作民事判决原本注意事项》和《制作刑事判决原本注意事项》中强调判决原本，除简易程序外，事实理由部分可以不分栏叙述。有罪判决，事实理由部分可以不分栏叙述，这样可以降低文书制作的成本。

3. 诉讼费用

关于诉讼费用，四川高等法院作出训令，对诉讼费用的征收作出强调：

> 查关于办理民刑诉讼应行注意改进事项，及核定征收诉讼费用事件，前经本院拟定注意各点及核定单式样，于上年十一月十七日，以牍字第八三三四号训令通饬遵照在案。关于征收裁判费，应按讼争标的金钱价额，依照民事诉讼费用法加征规定，核实征收，不得稍有增减，致滋纷扰，近查第一审机关，有审查忽略，或则意存体恤故为减收，均属不合，往往因第一审少收之故，第二审仍照其标准征收，殆判决后，当事人提起上诉，依征费标准，自不能上诉三审，予以驳回，嗣经抗告最高法院，认为讼争价额实已逾超千元，将裁定，势必令原审重行复核，中间辗转迁延，时间、财力，实不经济，不特发收，即当事人亦未能减轻负担，实足以贻累人民。又如民事诉讼费用法第9条，所谓因租赁涉讼，系指确认租赁权存在与否之诉讼而言，其以租赁关系终止为原因而请求迁让房屋者，即得请求交付房屋之诉，计算讼争标的之债额，自应以房屋之债额为准，所应切实注意在诉讼进行，首要证物，文件记

载尤贵详旧，前发注意事项，业予详细指示，嗣后申送卷宗证物等项，务宜切实注意，不得忽略，案内证物，必须逐件编号，详载文尾，以免错讹，本院致核成绩，即以各该对于上开各点，是否能以认真办理为殿最之标准。[1]

对一审案件要严格按照标准征收，不能多收或少收，若法官在一审中因同情怜悯而对当事人少征收诉讼费用，当事人在二审三审中对诉讼费用的陡然升高必然不满，不利于司法威信的树立。

璧山实验地方法院也强调对诉讼费用的征收标准要更加明确，并制定表格向社会公示，以方便群众（表4-3）。

表4-3 诉讼费用征收标准[2]

一、征收裁判费						
诉讼价值	第一审征收数			第二审征收数		
	原征数	加征数	共征数	原征数	加征数	共征数
五千一百元	1.00			1.50		
五千二百元	2.00			3.00		
五千以内不征，五千元以上每百元征裁判费一元，二审加征十分之五，发回或发交更审再行上诉者亦同						
	原征数	加征数	共征数	原征数	加征数	共征数
非因财产权	500			750		

---

[1]《四川高等法院关于指示办理民刑诉讼应行注意改进事项给璧山实验地方法院的训令》，重庆市璧山区档案馆馆藏民国档案，档案号：12-1-1121。
[2]《征收诉讼费用一览表》，重庆市璧山区档案馆馆藏民国档案，档案号：12-1-641。该表内容和格式与原文一致。

续表

	原征数	加征数	共征数	原征数	加征数	共征数
抗告	100					
再抗告	100					
申请参加诉讼或驳回诉讼	100					
申请公示送达	100					
申请回复原状	100					
申请证据保存	100					
申请发给交付命令	100					
申请或撤销假扣押、假处分	100					
申请公示催告或除权判决	100					
说明	1. 诉讼标的之金额超过数有未满五十元之零数，其零数不算。已满五十元未满一百元者按百元计算 2. 诉讼标的之金额以银两、铜币或外国货币计算者，折为国币 3. 诉讼标的价额不能核定者视为五万元						

二、征收执行费

执行标的	应征数	备考
五千一百元	五角	
说明	1. 五千元以内不征，五千元以上每百元征收五角，未满百元者以百元计算 2. 执行标的不经拍卖者征收执行费十分之五（即每百元征收五角） 3. 执行非财产案件征收执行费二百元	

璧山实验地方法院在制作标语时提出了"减轻人民讼累，彻底革除陋规"的口号，在实践中通过送达、执行、文书制作、诉讼费用等方面的一系列改革措施降低成本，对减轻人民讼累起到了一定作用，也为其后的诉讼法修改提供了经验。

第五章

司法审判的能动

一、职权主义

诉讼模式可以分为当事人进行主义与职权进行主义。"当事人主义者，诉讼之进行及终结，一任当事人为之，不由审判衙门为之主义也；职权进行主义者，关于诉讼之进行及终结，不问当事人之意思如何，审判衙门以职权为必要行为之主义也。"[1] 国民政府时期《民事诉讼法》以当事人进行主义为主，如中止程序、变更期间、延期辩论等。以当事人进行主义为主虽能更全面地维护诉讼当事人的利益，但对案件程序的推进会造成不利影响，在以追求诉讼效率为目标的实验法院改革中，对当事人进行主义进行了一定的限制。璧山实验地方法院侧重用职权推动诉讼进行，在不影响实体正义的前提下，在诉讼程序中赋予法官较大的权力，力求尽快化解纠纷。

1. 移送管辖

《实验地方法院办理民刑诉讼补充办法》第3条规定，对于全部或部分民事诉讼请求，法院认为无管辖权而未经原告申请核送者，可以"依职权"移送于其他有权管辖法院，如有数个管辖法院时，并应移送到距离被告住居所较近的管辖法院。《民事诉讼法》第28条规定，在民事诉讼法院认为无管辖权时，"应依原告申请"以裁定移送于其他有权法院，如有数个有权管辖法院时，移送于原告所指定的管辖法院。上述情形，原告未申请移送或指定管辖法院者，应于裁判前讯问之。

按照一般《民事诉讼法》之规定，管辖的移送要经当事人

---

[1] 左德敏：《诉讼法上诸主义》，载于何勤华、李秀清主编：《民国法学论文精粹·诉讼法律篇》，法律出版社2004年版，第109页。

的申请,"《民事诉讼法》对无管辖权之诉讼采当事人申请主义,本条采职权核送主义较为积极,亦求诉讼敏提之道也"[1]。

2. 公示送达

《实验地方法院办理民刑诉讼补充办法》第 4 条及《民事诉讼法》第 149 条之公示送达,法院应"依职权"为之。

民事诉讼法中的公示送达由当事人申请,既多程序又延时日,本条采职权公示送达可免此弊。在办理民刑诉讼的注意事项中也强调"对民事诉讼当事人为送达,如应为送达之外所不明时,法院应依职权为公示送达,不必待当事人之申请"[2],在具体实践中,"因本院此类案件不多,故适用之机会较少,且适用之时尚未发生何种困难"[3]。

3. 诉讼中止

《实验地方法院办理民刑诉讼补充办法》第 5 条规定,民事诉讼程序休止或规同休止时,法院书记官应通知当事人,并于通知书内附载《民事诉讼法》第 190 条的规定。"诉讼程序之休止,当事人每不明臻本条,系就民诉法第 189 至 191 各条加规定,所以促起当事人之注意。"[4]

4. 言辞辩论

《实验地方法院办理民刑诉讼补充办法》第 6 条规定,民

---

[1] 《璧山实验地方法院一年来总述》,重庆市璧山区档案馆馆藏民国档案,档案号:12-1-996。

[2] 《璧山实验地方法院第三次工作报告》,重庆市璧山区档案馆馆藏民国档案,档案号:12-1-1010。

[3] 《璧山实验地方法院第二次工作报告》,重庆市璧山区档案馆馆藏民国档案,档案号:12-1-985。

[4] 《璧山实验地方法院一年来总述》,重庆市璧山区档案馆馆藏民国档案,档案号:12-1-996。

事诉讼原告之诉显无理由者，得不经言辞辩论迳以判决驳回之。《民事诉讼法》第 20 条、第 21 条规定，判决除别有规定外，应本于当事人之言辞辩论为之。

民事诉讼法原来采言辞审理主义，补充办法规定则不经言辞辩论，可以避免滥诉之弊。如在邓某君关于控告萧某祥、邓某彬变造文书串通侵占请依法究办并返还侵占黄谷案中，原告邓某君及其代理人声明请求判令返还黄谷十石，其陈述，被告邓某彬串通佃户萧某祥将发谷票二石之谷子子字变为十字（字义为十二石），本案的被告被宣告无罪，因为原告的诉讼请求显无理由，根据《实验地方法院办理民刑诉讼补充办法》的规定可以不经言辞辩论，径行判决。因此，本案法官直接判处驳回原告诉讼请求。[1]

5. 缺席审理

《实验地方法院办理民刑诉讼补充办法》第 11 条规定，对于《民事诉讼法》第 385 条第 2 项所规定的情形，法院可依职权由一造辩论而径直判决。而《民事诉讼法》第 385 条规定，开庭时如果当事人一方无正当理由不到庭的，法院可以依另一方当事人的申请由其一造辩论而径直判决。

两造审理主义：法院须审问两造，经两造当事人言辞辩论后而为裁判者，谓之两造审理主义；一造审理主义：法院仅以到场当事人一造之辩论，而为裁判者，谓之一造

---

[1]《邓某君关于控告萧某祥、邓某彬变造文书串通侵占请依法究办并返还侵占黄谷上璧山实验地方法院刑庭的呈》，重庆市璧山区档案馆馆藏民国档案，档案号：12-1-250。

审理主义[1]。缺席审判情形下，就一造辩论而为判决，《中华民国民事诉讼法》采当事人申请主义，法院采职权进行主义，可免诉讼延滞的弊端。在适用中，璧山实验地方法院强调，民事案件言辞辩论之日，当事人之一造受合法传唤而不到场者，推事如果认为诉讼已过终结之程度，应即依职权由一造辩论而为判决不必依当事人之申请，在具体适用过程中，民事案件理由确认仍不肯到庭而到场之当事人除延有律师者外能知申请由其一造辩论而为判决者实居少数，今本条明白规定得以职权为之，实为必要之举。本院成立以来每月援用此条判结者约居全数二十分之一[2]。

例如陈某超、曾某生、冉某康诉晏某山、晏钱氏、晏某斌、晏某德、郭某阳、郭某贤一案[3]。1922年，陈某超的父亲陈某清将自建的北门外的一间房屋租佃给晏某山（此为大佃），约定租期30年，晏某山是晏钱氏的丈夫，晏某斌、晏某德的父亲。晏某山又转租给郭某贤的父亲郭某阳，租期不定。1940年，晏某山亡故，晏钱氏、晏某斌、晏某德继承房屋使用权。1942年8月，陈某超征得晏某山的继承人晏钱氏、晏某斌、晏某德同意，提前终止大佃契约。1942年10月15日，陈某超将

---

[1] 魏冀征：《我国诉讼法主义之研究》，载于何勤华、李秀清主编：《民国法学论文精粹·诉讼法律篇》，法律出版社2004年版，第125页。
[2] 《璧山实验地方法院一年来总述》，重庆市璧山区档案馆馆藏民国档案，档案号：12-1-996。
[3] 《四川璧山实验地方法院民事判决三十二年度诉字第二五五号》，重庆市璧山区档案馆馆藏民国档案，档案号：12-1-312。

房屋出卖给曾某生，同年12月曾某生又将房屋租赁给冉某康。原告陈某超、曾某生、冉某康以租赁合同已经提前终止为由请求被告等腾退返还房屋。经过调查研究，法院认为虽然陈某超与晏某山的大佃契约已经提前终止，但是郭某阳、郭某贤与晏某山之间的次承租关系并未消灭，郭某贤对讼争房屋仍然拥有佃权，判决驳回了原告腾退房屋的请求，被告晏钱氏、晏某斌、晏某德均受合法传唤，未到庭，法官依职权一并判决。

可见在处理一般民事纠纷时，当事人一造不到场，法院依职权而非依申请进行一造辩论从而作出判决，避免了诉讼的拖累，提升了诉讼效率。

一造辩论除了在一般民事纠纷案中适用，在婚姻家庭类的身份性较强的案件中也有适用。在婚姻家庭案中，因为当事人在身份上的不可替代性，一般都要求到庭亲自向法官陈述，在离婚案中，以婚姻双方的感情是否确已破裂作为判定离婚的标准，法官要判断当事人的感情是否确已破裂，同时离婚案件还涉及财产分割、子女抚养的问题，需要听取当事人的当面陈述，所以在婚姻家庭纠纷中一般不允许缺席审判。但在现实操作中，由于当事人一方长期失踪或者无理由拒不出庭，若严格禁止缺席审判，会使案件久拖不决，审判不及时可能导致当事人权益受损害，并不利于社会的稳定。

如在胡罗某荣诉胡某寿离婚案中，被告于1939年外出至原告起诉时（1944年）仍未归还，璧山实验地方法院认为：原告陈述1930年与被告结婚已生有一女至1939年被告外出迄今既无分文接济又两度四乡过门不入，致使原告生活无法维持，而被告经公示送达传票未到案辩论，最后作出判决，两造之间婚姻准予离异，诉讼费用由被告负担。在本案中，被告外出5年未归，原告生活无以为继，法院在被告缺席的情况下判决原被告离婚，避免了案件因被告罗某寿的失踪而久拖不决，使得原告可以从原来困难的生活中解脱出来。[1]

再如在刘徐氏离婚诉讼中，原告刘徐氏受到被告及被告父母的虐待殴打，原告及其诉讼代理人诉称：原告于1939年嫁与被告为妻，被告的母亲刘张氏及被告的父亲刘某钦连同被告本人对原告虐待殴打。今年（1943年）正月初六日因为原告到妹家去住宿八晚所以又被丈夫殴打，经刑庭审讯有案，实在不堪其虐待，也不能再同其生活。被告经合法传唤未到庭且未具状答辩。

璧山实验地方法院最后作出判决：夫妻一方受他方不堪同居之虐待，或受丈夫得直系尊亲属的虐待，以致不堪共同生活的可以请求离婚，为民法第1052条第3款及第4款后段所明定，本案原告因受其丈夫及直系尊亲属虐待殴打，于1942年11月27日，经检察官饬员验伤，填单在卷，并经移送自诉，经璧山实验地方法院审讯，情愿赔偿医药费二百元，撤回自诉又在卷，以此情形，足以证明原告有前述法条的情形。其请求判决离婚，尚无不合。被告经合法传唤未到，依《实验地方法院办理民刑诉讼补充办法》第18条应依职权由一造辩论而为判决。[2]

在本案中，被告及其父母对原告经常殴打虐待，使用暴力，若严格地在离婚案件中杜绝适用缺席审判，原告的身心健康将会继续受到损害，不仅会造成案件的积压，更不利于社会的稳定。

---

[1]《胡罗某荣诉胡某寿离婚案》，重庆市璧山区档案馆馆藏民国档案，档案号：12-1-804。
[2]《刘徐氏诉刘某惠离婚案》，重庆市璧山区档案馆馆藏民国档案，档案号：12-1-1010。

缺席审判不仅运用在民事案件中，同时在刑事案件中也有适用，《实验地方法院办理民刑诉讼补充办法》第45条规定：对于刑法第61条规定的案件，被告经合法传唤无正当理由不到庭者，法院可以缺席判决。《中华民国刑事诉讼法》第298条规定，对于应科拘役罚金或应谕知免刑或无罪的案件，被告经合法传唤无正常理由不到庭时，法院可以缺席判决。

> 刑法第61条各罪情节轻微，必传被告到庭陈述后始为判决，影响诉讼进行甚重，凡此项案件，本条不关有罪无罪拘役罚金徒刑或免刑，只须事实明确，均得不待其陈述而为判决，所以杜诉讼延滞之弊。[1]

如在王某云诉洪某清、胡某金、郑某云窃盗及妨害家庭案中，王某云之妻洪某清于1944年农历六月二十九至农历七月初八，在磁器口胡某金家内，与胡某金连续通奸，并受胡某金之教唆，于农历六月十五日窃取王某云的布料，变卖得价化用，经王某云提起自诉。

璧山实验地方法院认为：胡某金教唆洪某清窃取王某云的布料，并且还与洪某清相通奸，根据王某云的控告与洪某清的供述，洪某清与胡某金自1944年农历六月二十九至农历七月初八一起居住在磁器口，房子是胡某金的，两人同住，并且发生性关系，胡某金向洪某清借钱，洪某清没有钱，胡某金便向洪某清要布，胡某金后拿去卖了，现王某云向洪某清要布。布是

---

〔1〕《璧山实验地方法院一年来总述》，重庆市璧山区档案馆馆藏民国档案，档案号：12-1-996。

胡某金教唆洪某清拿出卖掉的,是农历六月十五卖的,郑某云与该买卖无关系。胡某金教唆洪某清窃盗,及洪某清与胡某金连续通奸,证据明确,应予论科罪刑,至于郑某云,虽据自诉人指与洪某清等共同变卖布料以及将洪某清送至磁器口与胡某金私自同居,但除自诉人的指控外没有其他佐证,且洪某清供述称郑某云和本案实没有关系,对郑某云显属不能证明犯罪,应论知无罪,胡某金、郑某云经合法传唤,无正当理由不到庭,可不待其陈据,径行判决。法院作出判决:胡某金教唆窃盗,洪某清窃盗,各处有期徒刑 2 个月。胡某金与有配偶之人连续相奸,各处有期徒刑 2 个月,各执行有期徒刑 3 个月。郑某云无罪。

本案中,胡某金和洪某清二人并非《刑事诉讼法》第 298 条规定的三种情形,但仍然属于较为轻微的案件,各执行了有期徒刑 3 个月,被告胡某金经合法传唤,无正当理由不到庭,且其犯罪属于《刑法》第 61 条所列的情形,因而按照《实验地方法院办理民刑诉讼补充办法》第 45 条进行缺席审判;对郑某云,其属于《刑事诉讼法》第 298 条的无罪案件,可缺席审判。[1] 缺席审判大大节约了本案的审理时间,避免了因被告不到庭而导致案件审理无法进行的情况,使案件不再积压,减轻了讼累。

6. 依职权确定假执行的金额

《民事诉讼法》第 389 条规定,法院应依职权宣告假执行的案件为五种情形:一是基于被告认可的判决;二是命令履行扶

---

[1]《王某云诉洪某清、胡某金、郑某云窃盗及妨害家庭案》,重庆市璧山区档案馆馆藏民国档案,档案号:12-1-902。

养义务的判决；三是就第 402 条第 2 项诉讼所为被告败诉的判决；四是清偿票据债务的判决；五是标的未满 100 元的判决。《实验地方法院办理民刑诉讼补充办法》第 12 条规定，民事诉讼所命给付之金额或价额，未逾 1000 元的判决，法院应依职权宣告假执行。

《实验地方法院办理民刑诉讼补充办法》规定的金额或价额较《民事诉讼法》增加了 10 倍，更符合当时物价高涨的社会现实。

璧山实验地方法院通过增加法官、检察官职权的方式来推动诉讼程序，在管辖权的转移、公示送达、诉讼程序的休止、是否进行言辞辩论、缺席审判和依职权假执行等方面赋予法官更大的权力，避免案件的积压，提高诉讼效率。

二、厉行调解

中国传统社会一向重视调解在纠纷解决中的作用，在古代"皇权不下县"思想的影响下，乡村进行自治，因而一般的纠纷都在民间通过调解的方式进行解决。近代社会转型之后，原来乡村自治的模式逐渐衰落，西方的新的法律观念与法律制度被引进中国，传统的中华法系逐渐瓦解。

> 盖一人之精力，乃每日之时间，均属有限：苟一日必结数案，以半日阅视案卷文稿，审查物证，讯问人证，开庭辩论（常有一案人证多至数十人者），以半日著作判决、裁定、处分书、上诉书、答辩书、意见书（批示）及其他一切稿件，无论精力如何充足，要亦仅能勉强胜任。若欲

求琐屑情节，皆详备无遗，此殆事实上所不许。[1]

南京国民政府非常注重传统的调解方式在纠纷解决中的作用，要求各地向百姓宣传调解制度，"后以各地民家教育馆为灌输人民各种知识之场所，朝夕演讲，机会甚多，均能于讲演时宣传调解及公证制度之，如何便民收效亦大"[2]。可见国民政府对调解制度的重视。

1. 民事调解

虽然以调解来解决纠纷的方式在我国有着深厚的传统，但制度化的法院调解在很晚才出现，1929 年，在胡汉民的推动下国民立法院开始起草《民事调解条例》，后立法院又将《民事调解条例》改为《民事调解法》，1930 年 1 月 20 日公布，并于 1931 年 1 月 1 日开始正式施行。从这部法律的名称变化我们也可以看出当时国民政府对调解制度的重视。后南京国民政府将《民事调解法》并入《民事诉讼法》中，并在 1935 年修法时对调解制度进一步完善。

按照 1935 年《民事诉讼法》的规定，民事纠纷的处理结果可以分为判决、调解与和解三类，调解程序需在诉讼之前作为前置程序，而和解则是在诉讼程序进行中，在推事主持下双方的和解让步。民事调解的主要目的在于将大量的简单案件阻隔在诉讼程序之前，避免其进入复杂的诉讼程序，浪费司法资源，降低诉讼效率。

---

[1] 李浩儒：《司法制度的过去和将来》，《平等杂志》1931 年第 3 期。
[2] 《司法行部训（民）字第三四九三号训令》，重庆市璧山区档案馆馆藏民国档案，档案号：12 - 1 - 848。

1935年《民事诉讼法》规定，调解分为强制调解与申请调解两类，规定的案件情形类似德国关于强制调解的规定，大都为案情轻微，容易解决的，但从实践情况来看，强制调解制度一直未能发挥预期的作用。

> 案查民事事件厉行调解为本部一贯之政策，际兹国难方殷民困已甚之时，各司法机关尤应切实遵行，以期减少人民讼累惟调解老仅注重于司法机关，其收效未能尽宏良以人民之争端以致对簿公庭，其目的似偏重于法官之判断，即对于强制调解之案件，亦多不存调解可得结果之心理在法官虽不嫌烦劳剀切晓谕，而当事人竟若充耳不闻，是以十载以还，本部虽曾三令五申，督促各司法机关厉行调解，亦未达到预期之目的。[1]

因而，《实验地方法院办理民刑诉讼补充办法》第14条规定，《民事诉讼法》关于强制调解之规定"不适用之"。"调解程序本为减少讼源而设，苟当事人无意调解强制为之，徒增无谓之程序，于其调解不成立后再行起诉，何如不经调解为直截了当，当此本条之所以规定也。"[2] 璧山实验地方法院在司法调解中仅适用申请调解。且在调解中，法官更类似于居中的调和者，而并非以"父母官"的姿态对调解双方加以命令。如在杨刘氏与刘陈氏、刘某泽交付遗产及返还生洋案中，杨刘氏请

---

[1]《拟县、区、乡、镇、坊公所实行调解与宣传公证说明并伙同公证书行规则》，重庆市璧山区档案馆馆藏民国档案，档案号：12-1-848。

[2]《璧山实验地方法院一年来总述》，重庆市璧山区档案馆馆藏民国档案，档案号：12-1-996。

求其胞兄按照父母去世前的遗嘱向她每月给付粮食五石,以及请求其嫂返还放在其嫂处的大洋一千五百块,在经过乡里调解无果后,杨刘氏向法院申请调解。调解笔录[1]记载道:

> 杨刘氏请求调解,请你丈夫在时替她掌放生息有一千五百的生洋。要你还她,格外每年给她五石谷子吗?
> 答:洋亦莫得这件事,我们弟兄每年各担五石出卖交老人零用,老人在时并未说这话,死后归我妹子用,我丈夫死时是一九年的事,当病沉重时问过丈夫。兄弟刘德裕不在场丈夫必蓄死与妹妹放的利息手续都清楚了的,外面的债有证据就偿还,无证据的不能偿还。
> 问:你现在承不承认还你生洋一千五百元。
> 答:我不承认,莫得这件事。
> 问:你母亲的膳谷每年五石,你母亲死后该担与她,你能担吗?
> 答:不承认,她无证据。
> 问:杨刘氏,你的生洋膳谷有无证据,他现时不承认。
> 答:并无证据,因为是同胞。今天证人刘德裕已到请问他。
> 问:刘陈氏你家好点,不说生洋膳谷,你补助她一点不可以吗?
> 答:并无此事,我们的生活都无办法。

---

[1]《璧山实验地方法院关于审理杨刘氏与刘陈氏、刘某泽交付遗产及返还生洋案的审理单、送达证书、调解笔录等》,重庆市璧山区档案馆馆藏民国档案,档案号:12-1-1080。

可以看出，法官在中间通过例如"刘陈氏你家好点""你补助她一点不可以吗？"等说和的方式，以中间人的身份进行调处、劝说，试图缓和双方之间的矛盾，并非按照严格的证据规则进行判断，也站在道德立场劝说当事人。

2. 刑事和解

除民事调解外，国民政府时期，法院在刑事诉讼方面也力求通过和解的方式来解决纠纷。刑事和解的纠纷解决方式一直是我国传统的法律文化，在古代就有许多司法实践，清末社会转型之后，官方不再承认刑事和解的处理方式，"检察官作为国家和社会公益的代表决定对犯罪的追诉，传统的刑事和解被认为落后而被国家法所禁止，所谓精英化、专业化和程序化的新型司法程序从国家法层面上得以确立"[1]。在现实操作中，刑事和解的案件都是通过不起诉或当事人撤回起诉的方式了结，因为国家法律已经不再承认刑事和解制度，而不起诉制度对此留下了一定的空间和余地。

如在贺某懋自诉蓝某溪妨害自由案中，贺某懋的侄孙孙某龙与汤某龙在打乒乓球时产生口角而打架，贺某懋的儿子贺某天去劝架，当时的体育教官杨某年从反面来打贺某天一耳光，贺某天以为体育教官杨某年是汤某龙的同学，贺某天遂反手打去，杨教官被惹怒报告训育主任蓝某溪，蓝某溪不问曲直遂下令校警捉拿贺某天、孙某龙，将二人拉去关在禁闭室。用绳子捆绑关了三天，要送壮丁并以烂军服交给二人穿。[2] 后本案当

---

[1] 胡铭、张健：《转型与承续：民国时期的刑事和解——基于龙泉司法档案（1929—1949）的考察》，《浙江大学学报》2014年第1期。

[2] 《璧山实验地方法院关于审理贺某懋自诉蓝某溪妨害自由案卷宗》，重庆市璧山区档案馆馆藏民国档案，档案号：12-1-316。

事人经中学校长等人的居中调处，双方达成和解，贺某懋遂向法院提出撤回自诉："为和解息争，祈准予罢诉以维师生情谊事，窃民前以私利建川中学训育主任蓝阴溪非法捆绑幽囚学生妨害自由提起诉讼一案兹经建川校长刘连谋及谭炳钧、贺汉周等再四出而调解。民以师生关系亦不便再与理论。故于五月二十七日商得双方同意订立和解合同契约二份各执其一，以为凭证。此后停止讼争，两不究诘。"[1]

由于本案并非是告诉或请求乃论之罪，按照《实验地方法院办理民刑诉讼补充办法》第40条的规定，撤回自诉需经检察官的同意，"贺某懋自诉蓝某溪妨害自由案件，依实验地方法院办理民刑诉讼补充办法第40条但书之规定，请求本检察官同意等由准此。当经审核，本案情节尚属轻微，似应准其撤回相应覆请"。在检察官同意后，本案予以撤销。

再如以不起诉的形式结案的刑事和解案件，在李朱氏控告冉伍氏伤害案中，李朱氏的女儿李三被冉伍氏抢来收养作养女，冉伍氏在抚养过程中因李三不听话用小竹劈打了李三，李朱氏在来探望自己女儿时发现，便去法院控告冉伍氏，检察官在讯问中对冉伍氏进行批评教育：

  问：李三这样的小，你怎要打她呢？
  答：是拿了小竹劈打了，因为她去藏躲。
  问：你打了她多少次？
  答：就是打了她一回。

---

[1]《璧山实验地方法院关于审理贺某懋自诉蓝某溪妨害自由案卷宗》，重庆市璧山区档案馆馆藏民国档案，档案号：12-1-316。

问：是哪天打的？

答：二十一日的那天打的。

问：（李朱氏）李三几岁了？

答：有五岁了。

问：（冉伍氏）你把她打伤了，应该与她医治，仔细地教她。

答：我与她医好，愿好好地教她。

问：你既要接她就不能随便打她，为再打要办你的罪。

答：是的。

问：（李朱氏）你愿撤回告诉吗？

答：愿意，把我女儿医好，愿撤回告诉。[1]

检察官对冉伍氏进行批评教育，同时告知他如果再犯，就要被治罪，让冉伍氏认识到自己行为的严重性，使其内心恐惧不敢再犯，同时也让李朱氏退一步撤回告诉。最终在检察官的调处之下，李朱氏愿意撤回告诉，检察官对本案作出不起诉处理："按告诉乃论之罪，经撤回告诉者，应予以不起诉处分，此在刑事诉讼法第 231 条第 5 款已有明文。本件李朱氏告诉冉伍氏伤害其女身体，系属告诉乃论之件，业据告诉人撤回告诉在卷，合依上开法系予以不起诉处分。"[2]

刑事诉讼法规定，刑事被害人撤回告诉，或者超过追诉时效的，检察官有权决定不起诉。司法官通过不起诉的形式来进

---

[1]《璧山实验地方法院关于审理李朱氏控告冉伍氏伤害案卷宗》，重庆市璧山区档案馆馆藏民国档案，档案号：12-1-255。

[2]《璧山实验地方法院关于审理李朱氏控告冉伍氏伤害案卷宗》，重庆市璧山区档案馆馆藏民国档案，档案号：12-1-255。

行刑事和解，对于告诉乃处理的案件，在当事人撤回起诉后，检察官作出不起诉决定；而对于并非告诉乃处理的案件，根据《实验地方法院办理民刑诉讼补充办法》第40条的规定，由检察官同意后再撤回起诉。

3. 行政调解

除司法调解外，司法行政部还非常重视行政调解，行政调解相较于民间调解而言，具有更高的权威性，同时对于司法调解而言，其程序也没有那么复杂，当时在乡公所或镇公所下还专门设有调解委员会，调解委员会的工作者凭借自己的社会经验和专业知识让纠纷能够尽早解决。司法行政部非常重视乡公所和镇公所在调解中的作用，强调调解的意义：

> 讼则终凶，古有明训，我国人民往往逞一时意气，以细微事故，率行诉诸法庭，一经成讼，百计求胜，奔走彷徨，不顾利害，小则费时失业，大则破产倾家，其影响所及，匪经当事人感受痛苦，且亦有伤国家元气，苟非出于万不得已，总以设法使其避免减少为宜，矧自抗战军兴，我前后方人民被敌伪摧残，荡析离居，或受经济压迫，闾阎交困，劫后余生，能力已尽，秩序未复，纠纷尤多，若专待起诉法院，再予解决，不仅裁判诸多棘手，执行尤感困难。虽法院在起诉前亦可进行调解，免使成讼，但人民狃于积习，事入公门，每多忌讳，形禁势隔，收效实难。其最有效之方法莫若使人民遇有纠葛发生，即由区乡镇坊各公所或其调解委员会就地实行调解，缘各区乡镇坊长及调解委员会，每为一方之望，且系由当地公民选出，彼此朝夕相见，非亲即故。其于人民纠纷之发生，亦因见闻较切，洞知其症结所在，果能

尽排难解纷之责,必易收息事宁人之效,调解可期其每数成立,且既经上开各机关调解,仍不谐,依法无可免去起诉前法院强制调解之程序,于人民仍有益无损。[1]

同时在训令中对当时有关调解的法律规定进行整理并强调:在民事诉讼程序中,简易诉讼、离婚之诉、夫妻同居之诉及终止收养关系之诉,于起诉前应经调解,非经调解不得起诉,且前次调解未果超过一年的,于再次起诉前应当进行调解。《民事诉讼法》第409条、第573条、第583条、第425条均有规定。坊公所应当附设调解委员会,办理民事调解事项。区公所应附设区调解委员会,办理乡镇调解委员会未曾调解或不能调解的事项,乡镇自治实行法第23条,市组织法第81条,区自治施行法第28条亦有规定。司法行政部曾制定了区乡镇坊调解委员会权限章程,以规定调解委员会对调解事件的处理。"凡此种种规定调解之法律,莫非政府体人民之痛苦,期达使民无讼之意旨所颁行,自应切实遵行,再自民国二十八年(公元1939年)9月,县各级组织纲要施行后,虽区乡镇之组织多有变更,调解机构并无规定,然此种有关公序良俗之调解事项,凡依法组织之区乡镇公所,均可参照前开各调解法规办理。"[2]

同时关于调解员的选拔、调解的方法、调解当中的注意事

---

[1]《司法行政部关于检发各省市政府文稿说明与公证须知并切实办理调解及公证两项事务给四川高等法院的训令》,重庆市璧山区档案馆馆藏民国档案,档案号:12-1-848。

[2]《司法行政部关于检发各省市政府文稿说明与公证须知并切实办理调解及公证两项事务给四川高等法院的训令》,重庆市璧山区档案馆馆藏民国档案,档案号:12-1-848。

项都在上级的训令中作出了规定：

> 查法院调解……不用开庭之形式，调解推事书记官不着制服，当事人及调解人亦均设有座位，当事人推举调解人，务须为两造共同信仰之人（例如同业同族中负有声望者）……俾调解推事俨然居于调解人之地位，而得以因势利导，善为调解。此亦可作为区乡镇坊等机关实行调解时之参考，故区乡镇坊等机关于调解时，对当事人双方须一秉大公，剀切劝导，示以方针，晓以利害，不惜舌敝唇焦，使之心悦诚服，藉以多收调解之效果，所注意者，调解之方法，重在和平处理，是以对于调解事件，只能劝谕当事人双方让步而得一适当解决之途径，不可稍施严迫或加以讯断，以免逾越调解范围，另生枝节。[1]

乡公所和镇公所的行政调解将大量简单的纠纷阻隔在法院之外，在当时案件大量积压的情况下，使纠纷快速化解，减轻法院压力。

如晏某森与傅某齐买卖森林纠纷案当事人到法院时，法官曾问："你们愿意到乡公所去调解吗？"并且在本案审结之前，双方当事人在乡公所参与之下，达成和解，原告向法院撤回起诉。璧山县政府呈报调解晏某森与傅某齐买卖森林纠纷案经过情形及了息和约：

---

[1]《司法行政部关于检发各省市政府文稿暨说明与公证须知并切实办理调解及公证两项事务给四川高等法院的训令》，重庆市璧山区档案馆藏民国档案，档案号：12-1-848。

因傅某齐不服又向璧山县实验地方法院起诉经传案初审未决，七月四日复据会员晏某森申请本会主持正义再作最后一度之调解以期双方了息免滋讼累，当今本会会同青木乡乡村建设试验区，函请璧山巴县青木乡公所及教育部附设青木关民教育馆，并召集本会理监事组长出席会议，通知双方当事人及有关人证于七月十七日午后二时，在民教馆中山堂调解，已得双方同意自愿订立调解书签字了息。[1]

此案得以迅速解决，可见在法院调解和审判之外，行政调解对于纠纷迅速解决发挥着重要作用。

三、简化程序

"民刑诉讼，程序繁重，最易失之于纡缓松懈，在平时已影响于行政效率，而在抗战期间，关系尤为显著。例如在接近战区地方，有随时受战区扩大的影响的可能，一案未决，地方沦陷，人民与政府之间俱感困难，所以在战争期间，改善诉讼程序以增加审判运行速度，实为必要。"[2] 面对案件数量急剧增加和案件积压严重的情况，《实验地方法院办理民刑诉讼补充办法》对原来烦冗的诉讼程序予以简化，"对于实体法概不变更准诉讼法则，斟酌实际需要尽量变通总期减少繁难程序，力求

---

[1]《璧山实验地方法院关于审理晏某森与傅某齐买卖森林纠纷案卷宗》，重庆市璧山区档案馆馆藏民国档案，档案号：12-1-1006
[2] 居正、张知本等：《抗战与司法》，独立出版社1939年版，第13—14页。

简捷便民"[1]。

1. 诉前程序的简化

《实验地方法院办理民刑诉讼补充办法》为了提高诉讼效率，尽快化解纠纷，就诉前部分的程序作了许多变通性规定，减少烦冗的程序。

（1）附带民事诉讼口头起诉

《实验地方法院办理民刑诉讼补充办法》第49条规定因犯罪而受损害之人，得以言辞提起刑事民事诉讼。而在《刑事诉讼法》中，附带民事诉讼应以书面方式提起。同时该补充办法第50条还规定，刑事被害人没有以书状或言辞提起附带民事诉讼时，除明确表示放弃赔偿请求权外，法院应询问其是否以附带民事诉讼请求赔偿，记明笔录。

对刑事案件中的民事部分可以口头提起诉讼，为当事人提供了充分的便利，也降低了诉讼成本，在诉讼中，对刑事案件的起诉必须以书面形式，要求较为严格，且与附带民事诉讼的起诉内容也有一定重叠部分，加上刑事案件本身较为复杂，该条规定以职权询问其是否附带民事诉讼颇合实际。

（2）对诉讼请求的追加或变更

1935年《民事诉讼法》第255条规定，诉状送达后，原告不得变更或增加诉讼请求，但经被告同意或不妨碍被告抗辩及诉讼之终结的除外。而《实验地方法院办理民刑诉讼补充办法》第8条规定，经法院指示，与诉讼标的相牵连的法律关系，其一并起诉而原告不提出反对时，视为追加诉讼请求。

---

[1]《璧山实验地方法院第一次工作报告》，重庆市璧山区档案馆馆藏民国档案，档案号：12-1-1121。

"民诉法对诉之加追、缓更、加以限制，与诉讼标的相牵相之法律关系，应合并提起为适当，不受《民事诉讼法》第250条第1项之限制。本条以职权命追加，所以图当事人之便利，并可免去无谓之中间争端。"[1]《民事诉讼法》对诉讼请求的追加或变更有着严格限制，诉讼请求的追加或变更产生的消极影响主要作用于被告人，主要损害的也是诉讼中的防御权，因而当时的《民事诉讼法》规定诉讼请求的追加或变更都完全取决于被告，但被告人可能会恶意利用此项权利，严重影响诉讼效率。《实验地方法院办理民刑诉讼补充办法》为追求案件解决的效率，对诉讼请求的追加与变更赋予了法官一定的职权，可以解决原被告在诉讼请求的追加或变更中的一些争端，不过这种举措也在一定程度上牺牲了被告的诉讼防御权。

2. 诉中程序的简化

（1）回避不停止诉讼程序

1935年《民事诉讼法》第37条规定，被申请回避的推事，在回避决定作出前"应停止诉讼程序"，但申请人恶意申请回避或滥用权利的除外。依前项规定停止诉讼程序后，如有急迫情形，仍应为必要之处分。而按照《实验地方法院办理民刑诉讼补充办法》第2条的规定，推事被申请避回者可以不停止诉讼程序。

由于被申请回避，按《民事诉讼法》的规定应停止诉讼程序，将极大地影响诉讼效率，"当事人申请推事回避，易生滞延诉讼之弊，故无论民事或刑事案件，如推事被申请回避，经认

---

[1]《璧山实验地方法院一年来总述》，重庆市璧山区档案馆馆藏民国档案，档案号：12-1-996。

为无停止诉讼程序之必要者，即毋庸停止诉讼程序"[1]。"本条与民刑诉讼法不同之点，一则以停止诉讼程序为原则，一则得不停止诉讼程序，任推事就一般案件情形决之，所以杜延归之弊而求诉讼之敏捷。"[2] 可见在回避问题上，法官即使被申请回避也可不停止诉讼程序，以求诉讼效率的提高，但该项规定同时也可能对当事人的合法权益造成损害，若法官在其中立性存疑的情况下，继续对案件进行审理，也可能会造成案件审理结果的不正义。

（2）证人传唤

按《民事诉讼法》第303条规定，证人受合法传唤而无正当理由拒不到庭时，法院可以处以50元以下的罚金，证人已受前项处罚仍不到庭时，可再处100元以下罚金，并可以拘提到庭。而该补充办法第9条规定，证人有《民事诉讼法》第303条第1项情形的，法院可以拘提证人到庭。

"证人传唤不到影响诉讼进行甚巨，民诉法必受罚锾之科处后再不到者，始得拘提，本条不待罚锾即得拘提，较为直截了当。"[3] 诉讼过程中证人作证制度无论对案件审理的程序正义还是结果正义都有着至关重要的作用。一方面，刑事诉讼中强调直接言辞原则，法官必须在庭审中直接与当事人及诉讼参与人进行面对面的交流，证人在庭审外对法官作出的证言，或通过其他人

---

[1]《实验地方法院办理民刑诉讼应行注意事项》，重庆市璧山区档案馆馆藏民国档案，档案号：12-1-996。
[2]《璧山实验地方法院一年来总述》，重庆市璧山区档案馆馆藏民国档案，档案号：12-1-996。
[3]《璧山实验地方法院一年来总述》，重庆市璧山区档案馆馆藏民国档案，档案号：12-1-996。

在法庭上作出的证言其真实性并不能得到保证。另一方面，在诉讼中证人出庭作证也是在保护被告的质证权，若证人未出庭参加到庭审环节，被告的质证权便无法充分行使，可能会导致被告对案件判决的不满，进而再提起上诉，会影响结案率。因而对证人的强制传唤对纠纷快速解决起着至关重要的作用。只是在实践中璧山实验地方法院的民事证人多能随传到案，并没有适用机会，在最终《民事诉讼法》修改时就此项改革措施也未予采纳。

（3）诉讼程序进行中的抗告

《民事诉讼法》第 480 条规定，除别有规定外，对于诉讼中的裁定，不得进行抗告。《实验地方法院办理民刑诉讼补充办法》第 15 条规定，除对于第三人所为者外，当事人不得对于民事案件审理过程中的裁定进行抗告。

"诉讼程序进行中之裁定，民诉法除别有规定外，不得抗告，本条则除对于第三人所为者外，一律不得抗告，范围较狭，所以杜诉讼延滞之弊。"[1] 缩小案件可以抗告的范围，"此条为禁止规定，施行以来，案件进行可免拖延之弊"[2]。在实践过程中，璧山实验地方法院对该条的作用给予肯定并提出："立法意旨当在防止因抗告而生之诉讼拖累。惟查现行民事诉讼法，关于诉讼本身之原因者尚少，苟全国法治观念确立，检察职权加强，再填以检察官之人员，并非不能完成其任务。"[3] 实行

---

[1]《璧山实验地方法院一年来总述》，重庆市璧山区档案馆馆藏民国档案，档案号：12-1-996。

[2]《璧山实验地方法院第二次工作报告》，重庆市璧山区档案馆馆藏民国档案，档案号：12-1-985。

[3]《璧山实验地方法院改善试验方案意见书》，重庆市璧山区档案馆馆藏民国档案，档案号：12-1-677。

严格的抗告限制是在当时的法制观念和司法人员素质有待加强的情况下，为追求案件的尽快解决所作出的改革，其对提升诉讼效率确实有一定作用，但在法制观念和司法队伍健全的情况下，并不需要如此严格的限制，也可以在保证诉讼效率的前提下保证当事人的诉讼权利。

（4）原法院或审判长更正原裁定的范围扩大

《民事诉讼法》第487条规定，原审法院或审判长认为抗告成立时，应更正原裁定，但有限制。而《实验地方法院办理民刑诉讼补充办法》第16条规定，不适用民事诉讼法的限制规定。

"（一）本条将原法院及审判长更正原裁定之范围予以扩大，不适用民诉法第487条之限制，以求切于实际，免当事人受无谓之拖累。（二）民诉法第487条第3项关于添具意见书之规定不予适用，所以求诉讼进行之敏捷。"[1] 同时在刑事诉讼中也有类似规定：《刑事诉讼法》第400条第2项规定，原法院认为抗告有理由的，应当更正其裁定，认为全部或部分无理由的，应当于接收书状后3日内添具意见书，送交抗告法院。可以抗告的裁定，皆附上理由移送抗告。《实验地方法院办理民刑诉讼补充办法》第47条规定，对此条添附意见书的规定不予适用，以此来简化诉讼程序，省去不必要的重复。

3. 诉后程序的简化

（1）支付命令与假执行

按照1935年《民事诉讼法》规定，支付命令期间届满后，法院应依债权人的申请宣告假执行。在宣告假执行的裁定送达后

---

[1]《璧山实验地方法院一年来总述》，重庆市璧山区档案馆馆藏民国档案，档案号：12-1-996。

15日内，债务人仍有权提出异议。债务人若想中止假执行，应在收到支付命令后15日内向债权人清偿，否则应向法院提出异议。支付命令期间届满后30日内，债权人如不向法院申请假执行，则失效。所定期间内，未经提出异议或驳回其异议的裁定，与确定判决有同一之效力。《实验地方法院办理民刑诉讼补充办法》第17条则规定，对于金额或价额不逾2000元的支付命令，债务人履行义务的期间延长至20日。该期间系不变期间，逾期未提出异议或异议被驳回的，支付命令与生效判决效力相同。

"民诉法对支付命令异议期间为十五日，期满未异议者须债权人申请假执行，裁定送达后十五日内，债务人仍得提起异议，如逾此期间而未提出异议或其异议经驳回，始与确定判决有同一之效力，本条不逾二千元之支付命令仅规定二十日之异议期间，期满未提出异议者与确定判决有同一之效力，毋须经假执行申请之，程序颇为简便。"[1]将原来《民事诉讼法》规定的异议期缩短，以求更快解决纠纷。在其实际运行过程中，"本条适用并无窒碍，惟现时物价高涨，请发支付命令之金额或价额似可毋庸加以限制，以免与《民事诉讼法》第504条两歧，盖同一种督促程序而用两种手续办理，似嫌繁琐，恐当事人不谙法律，易致错误"[2]。

（2）处刑命令不服者的上诉

《实验地方法院办理民刑诉讼补充办法》第48条规定，被告对于处刑命令有不服者，于处刑命令送达后5日内提起上诉，

---

[1]《璧山实验地方法院一年来总述》，重庆市璧山区档案馆馆藏民国档案，档案号：12-1-996。

[2]《璧山实验地方法院第二次工作报告》，重庆市璧山区档案馆馆藏民国档案，档案号：12-1-985。

不得申请正式审判。前项上诉期间及提出上诉状之法院，应记载于送达被告之处刑命令正本。《刑事诉讼法》第449条规定，被告得于处刑命令送达后5日内申请正式裁判。第455条规定法院认为正式审判之申请合法者，应依通常程序审判，不受处罚命令之拘束。第457条规定处刑命令已经过申请正式审判之期间或被舍弃申请权撤回申请或驳回申请之裁判确定者与确定判决有同一之效力。

与《刑事诉讼法》的规定相比较，"刑诉法对处刑命令须经正式审判程序，本条不适用正式审判，如对处刑命令不服得迳行提起上诉，所以期诉讼程序之简捷"[1]。简化诉讼程序的各项措施在璧山实验地方法院的改革试验中取得了一定的成效，从前述1945年第一审案件统计表来看，民事案件中89.9%的案件在当年完结，其中用不足一月时间就审结的案件有2070件，占到所有民事一审案件的80.5%；一月以上三月未满的案件有235件，占所有民事一审案件的9.1%；三月以上六月未满的案件有10件，占所有民事一审案件的0.3%。刑事案件有78.7%在当年完结，所有案件中不足一月完结有683件，占所有刑事一审案件的41.9%；一月以上三月未满的案件有586件，占所有刑事一审案件的35.9%；三月以上六月未满的案件有15件，只占到所有刑事一审案件的0.9%。由此可以看出，当时璧山实验地方法院的大部分民事案件和相当一部分刑事案件都在一月之内审结，其效率可见一斑。

---

[1] 《璧山实验地方法院一年来总述》，重庆市璧山区档案馆馆藏民国档案，档案号：12-1-996。

第六章

变与不变：
民国基层司法的近代转型

鸦片战争以来，我国国门在西方列强的坚船利炮之下洞开，西方的资本主义制度也随之传入中国。另外，在列强的推动下，我国自给自足的小农经济逐渐解体，社会发生转型，传统的司法制度已不能有效维持社会的运转，司法制度的近代化转型势在必行。但是，我们在司法改革过程中，并不是照抄照搬西方的司法制度，因为国情的不同也决定了司法制度的差异，全部西化只会导致"水土不服"，而且我国传统司法制度也存在许多精华的部分。因此，在近代基层司法的改革过程中，如何处理好传统司法制度与西方司法制度成为关键。璧山实验地方法院就是在这样的时代背景下成立的，南京国民政府期望其能够为全国的基层司法改革提供有益借鉴和参考。

一、传统的承继

1."无讼"思想

汉代以降，随着汉武帝"罢黜百家，独尊儒术"政策的施行，儒家思想渐趋成为社会主流思想，源自孔子的"无讼"思想也逐渐成为中国传统社会法律体系的价值追求。[1] 及至近代，我国的传统文化制度遭受了西方文明的洗礼和冲击，但是"无讼"思想以其独特的调和社会各方面利益纠纷的功能，[2] 在近代甚至当代对于化解社会矛盾依然发挥着重要的作用。璧山实验地方法院在其存续期间仍然沿用了"无讼"的思想主张，诸多举措值得我们加以学习和借鉴。

---

[1] 郭星华：《无讼、厌讼与抑讼——对中国传统诉讼文化的法社会学分析》，《学术月刊》2014年第9期，第88—95页。

[2] 郑玉敏：《无讼与中国法律文化》，《东北师大学报》（哲学社会科学版）2004年第3期，第37—42页。

南京国民政府成立后，进一步加强对西方司法制度的学习，开始在全国范围内逐步推广现代司法制度。但是，由于现代化的司法制度刚刚起步，加之战乱的影响，司法人员数量十分有限，每日诉讼案件却与日俱增。司法官的时间和精力有限，其每天都要主持开庭、审阅卷宗、询问证人、制作判决书和裁定书等其他司法文件，工作繁重，难以胜任。"若欲求琐屑情节，皆详备无遗，此殆事实上所不许。"[1]而且受传统观念的影响，南京国民政府认为诉讼于国家、公民尽皆不利，"讼则终凶，古有明训，我人民往往逞一时意气，以细微事故，率行诉诸法庭，一经成讼，百计求胜，奔走彷徨，不顾利害，小则费时失业，大则破产倾家，其影响所及，匪经当事人感受痛苦，且亦有伤国家元气，苟非出于万不得已，总以设法使其避免减少为宜"[2]。综上所述，在璧山实验地方法院存续期间，南京国民政府先后采取了多种举措来推行调解制度，并且提升其解决纠纷的效率，减少诉讼案件。

首先，加大官方的宣传力度。为此，南京国民政府极力加强调解制度的宣传力度，通过报刊、演讲等多种途径，向民众灌输调解制度的便利之处，逐渐增强民众对调解的了解和信赖。

其次，调解成员分别由双方当事人推荐，保障公平，增强调解结果的说服力。璧山实验地方法院为保证调解结果的公平合理，规定调解人由当事人所推举，被推举人应为纠纷双方当事人所共同信赖之人。因而在调解案件中，若当事人双方属于

---

[1] 李浩儒：《司法制度的过去和将来》，《平等杂志》1931年第3期。
[2] 《司法行政部关于检发各省市政府文稿暨说明与公证须知并切实办理调解及公证两项事务给四川高等法院的训令》，重庆市璧山区档案馆藏民国档案，档案号：12-1-848。

同宗关系者，调解人多为其族中长辈或有声望之人，比如杨某氏诉刘某氏、刘某泽交付遗产一案，双方当事人系出同族，故而在诉讼之前所接受的调解是由其族中长辈予以主持的。[1]

再次，加强调解制度的建设，使其更趋于完善。比如依据《修正办理民事诉讼案件应行注意事项》调解程序中的规定，调解可以不开庭，调解纠纷的推事和书记官可以不着制服，当事人及调解人也分别设有座位。法院在选任调解人时，亦应为同一之注意，在调解中推事必须询问调解人的相关意见，就该调解案件应仔细斟酌，劝谕纠纷中的双方当事人互相让步，使得调解推事俨然处于调解人的地位，而得以因势利导，善为调解，从而达成双方当事人都可以接受的结果，提高调解的成功率，节约司法资源。

最后，采取法院外的行政调解方式来解决纠纷。除了到法院接受司法机关的调解，行政调解在纠纷解决中也发挥着重要作用。行政调解相较于民间调解而言，具有更高的权威性，同时对于司法调解而言，其程序也没有那么复杂，当时在乡公所或镇公所下还专门设有调解委员会，调解委员会的工作者凭借自己的社会经验和专业知识能够尽早解决纠纷。

> 其最有效之方法莫若使人民遇有纠葛发生，即由区乡镇坊各公所或其调解委员会就地实行调解，缘各区乡镇坊长及调解委员会，每为一方之望，且系由当地公民选出，

---

[1]《杨某氏关于请传刘某氏、刘某泽到案判令交付遗产、返还生洋上璧山实验地方法院民庭的呈》，重庆市璧山区档案馆馆藏民国档案，档案号：12-1-1080。

彼此朝夕相见，非亲即故。其于人民纠纷之发生，亦因见闻较切，洞知其症结所在，果能尽排难解纷之责，必易收息事宁人之效，调解可期其每数成立，且既经上开各机关调解，仍不谐，依法无可免去起诉前法院强制调解之程序，于人民仍有益无损。[1]

民事诉讼法规定简易诉讼离婚、夫妻同居之诉及终止收养关系之诉，于起诉前应经过调解程序，非经调解不得起诉。并且，司法行政部要求乡公所、镇公所或者坊公所应该设立调解委员会，办理当地的民事纠纷事项。区公所也应该设置区调解委员会，由其办理下面乡镇调解委员会未曾调解或不能调解的事项。另外，司法行政部为了加强区、乡、镇、坊等机关调解委员会的建设，规定这些机构可以参照法院的调解方式予以组织，"此亦可作为区乡镇坊等机关实行调解时之参考，故区乡镇坊等机关于调解时，对当事人双方须一秉大公，剀切劝导，示以方针，晓以利害，不惜舌敝唇焦，使之心悦诚服，藉以多收调解之效果"[2]。与此同时，司法行政部还认为这些机构在进行调解时，应注意方式方法，"所注意者，调解之方法，重在和平处理，是以对于调解事件，只能劝谕当事人双方让步而得一适当解决之途径，不可稍施严迫或加以讯断，以免逾越调解范

---

[1]《司法行政部关于检发各省市政府文稿暨说明与公证须知并切实办理调解及公证两项事务给四川高等法院的训令》，重庆市璧山区档案馆藏民国档案，档案号：12-1-848。
[2]《司法行政部关于检发各省市政府文稿暨说明与公证须知并切实办理调解及公证两项事务给四川高等法院的训令》，重庆市璧山区档案馆藏民国档案，档案号：12-1-848。

围,另生枝节"[1]。

2. 职权主义

纵观中国传统司法审判制度,我们可以发现其采用的是一种封建司法职权主义审判模式,即案件当事人在审判过程中成为调查、审问的对象,只能按照司法官的要求履行相关义务,而不能享有自我辩护的权利。在这种审判模式下,当事人只是被司法官审问的客体,也只是被追究的对象,不容其有更多的自我辩护,更不能请人代为辩护。在传统法律条文和司法实践中,均有惩戒"讼棍"的记载,这些都是封建司法职权主义审判模式下的典型表现[2]。近代以来,随着西方法律文化的传入,政府虽对司法制度进行了改革,但职权主义的诉讼模式经过改良后依然沿用了下来。抗战全面爆发后,南京国民政府为了更加高效地解决社会纠纷,赋予新成立的璧山实验地方法院更大的职权,尤其是在《实验地方法院办理民刑诉讼补充办法》中侧重于法院职权的扩张,以此保障诉讼的快速进行,减少不必要的诉讼拖累,以期能为后来全国性的司法改革积累经验。

(1) 民事诉讼方面

根据1935年《民事诉讼法》的规定,一方当事人不到场者,法院得依照在场当事人的申请依照其一人所做的辩论而进行判决。但是,《实验地方法院办理民刑诉讼补充办法》第11条规定:"民事诉讼法第三百八十五条第一项所规定,由一造辩

---

[1]《司法行政部关于检发各省市政府文稿暨说明与公证须知并切实办理调解及公证两项事务给四川高等法院的训令》,重庆市璧山区档案馆馆藏民国档案,档案号:12-1-848。

[2] 李媛媛:《晚清审判方式变革探微》,安徽大学2005年硕士学位论文,第7页。

论而为判决，法院得依职权为之。"该办法将法院职权进行一定程度的扩大，使得法院也可依职权根据一方的辩论而作出判决，改当事人申请主义为当事人申请主义与法院职权主义并用，以此避免诉讼过程中可能出现的延滞弊端。比如蒋某全诉蒋某丰、张某林、蒋某高等交业一案，在案件审理过程中被告几人经法院合法传唤而未到。璧山实验地方法院根据上述事实，依《实验地方法院办理民刑诉讼补充办法》第11条的规定，作出如下判决："被告蒋某丰、蒋某高、蒋某二应将坐落陈家坡文晏桥坎上田业半股依本院另业发给蒋某全之证明书所开界址交与原告接收，原告其余之诉驳回，诉讼费用由被告蒋某丰、蒋某高、蒋某二平均分担。"[1]

与此同时，根据1935年《民事诉讼法》的规定，民事诉讼判决采取的是言辞审理主义，判决除另有规定外，应以案件双方当事人的言辞辩论为重要依据，正如上述璧山实验地方法院审理的蒋某全与蒋某丰、张某林、蒋某高等交业一案，案件事实皆以原被告双方的言辞辩论为主要内容。但是，依照该补充办法第6条，"民事诉讼原告之诉显无理由者，得不经言辞辩论径以判决驳回之"。比如于某农诉邓时某、邓某济、邓某伯等确认有承买权一案，本案讼争产业，之前已经由本案被告提起诉讼，并经璧山实验地方法院判决确认原告的二次买卖契约为无效，并记录在卷，现又提起本诉主张优先承买权已属无理由。并且，邓时某将讼争产业出卖与祝某银须通知原告乃邓时某所应负的责任，即出租人在出卖田地之前未曾通知原告，有违上

---

[1]《璧山实验地方法院关于审理蒋某全与蒋某丰、张某林、蒋某高等交业案的判决书》，重庆市璧山区档案馆馆藏民国档案，档案号：12-1-804。

述出租人义务，亦仅负损害赔偿责任，但是原告竟请求撤销被告间之买卖契约并主张优先承买权难以认为有理。综上所述，璧山实验地方法院依照《实验地方法院办理民刑诉讼补充办法》第6条的规定，不经当事人双方言辞辩论径行判决，将原告诉讼请求予以驳回，诉讼费用也由原告承担。[1] 因为在民事诉讼实践之中，存在大量滥用诉权的现象，虽然法律规定败诉方承担诉讼费用，但是依然难以杜绝滥诉发生，而《实验地方法院办理民刑诉讼补充办法》第6条规定，法院在诉讼中如果发现原告之诉讼请求显无事实根据者，可以不经言辞辩论程序而直接予以驳回，以此节省时间，节约司法资源，杜绝滥诉之弊。

另外，根据1935年《民事诉讼法》的规定，民事诉讼中的全部或一部，如果法院认为没有管辖权的话，"应依原告申请"，以裁定的方式移送于对此案有管辖权的法院；如果数个法院尽皆有管辖权时，则将案件移送于原告所指定的管辖法院。如果出现原告没申请移送或没有指定管辖法院的情形，则应于裁判前向原告讯问，法院无权直接移送。但在司法实践之中，由于普通民众大多知识水平有限，对于各级法院的设置以及管辖范围认识并不全面，加之大都生活贫困，难以支付较为高昂的律师费用，因而在诉讼中常常发生管辖错误的情形。如果只指望当事人的申请，则法院必须在事前向原告予以释明，之后还要经原告申请或指定方可移送，之间公文往来太过复杂，极大浪费了时间。在璧山实验地方法院存续期间，南京国民政府

---

[1]《璧山实验地方法院关于审理于某农与邓时某、邓某济、邓某伯等确认有承买权案的判决书》，重庆市璧山区档案馆馆藏民国档案，档案号：12-1-804。

认为,"推事配受之民事案件,应即审查本院有无管辖权,若无管辖权而未经原告申请移送者,应依职权以裁定移送于其管辖法院,不必待原告之申请。如同时有数管辖法院或由原告申请移送而未指定管辖法院时,应以裁定移送距离被告住居所较近之管辖法院"[1]。据此,南京国民政府在颁布的补充办法第3条中对其进行了修缮,规定对于民事诉讼之全部或一部,若法院认为无管辖权而未经原告申请核送者,得"依职权"移送于有管辖权的法院;如果数个法院都有管辖权时,并应核送于距离被告住居所较近之管辖法院,一改之前的当事人申请主义为职权主义,以期能够减少不必要的程序。"民事诉讼法对无管辖权之诉讼采用当事人申请主义,本条采职权核送主义较为积极,亦求诉讼敏捷之道也。"[2]

除上述规定外,南京国民政府在《实验地方法院办理民刑诉讼补充办法》中亦对其他方面进行了修改。比如1935年《民事诉讼法》第149条规定,法院得依照当事人的申请予以公示送达,但是在实践中,由于种种条件的限制,法院很难在法定时限内将相关的法律文书送达给案件当事人,而《民事诉讼法》规定,公示送达必须由当事人申请,既多程序又延时日,极大浪费了司法资源。为此,补充办法第4条规定,法院在案件审理过程中可以根据实际情况依职权予以公示送达,避免上述弊端的发生。又如补充办法第8条,在诉讼中如果存在与诉讼标的相牵连的法律关系,法院可以依职权对其予以提示,其

---

[1]《璧山实验地方法院办理民刑诉讼应行注意事项、民事诉讼程序及诉讼无关理由审查表等》,重庆市璧山区档案馆馆藏民国档案,档案号:12-1-996。
[2]《璧山实验地方法院办理民刑诉讼应行注意事项、民事诉讼程序及诉讼无关理由审查表等》,重庆市璧山区档案馆馆藏民国档案,档案号:12-1-996。

一并起诉而无反对表示者，则可以视为诉之追加。这些法律条文扩大了法院的相关职权，目的是便利当事人，减少当事人在诉讼中无谓的争议，提高效率。

（2）刑事诉讼方面

1935年《刑事诉讼法》规定，法院认为应科处拘役、罚金或应告知免刑、无罪的案件，被告经合法传唤无正常理由不到庭者，法院可以不待其陈述径行判决。但是，《实验地方法院办理民刑诉讼补充办法》第45条却赋予法院更大的职权，该条规定："刑法第六十一条所列各罪之案件，被告经合法传唤无正当理由不到庭者，不待其陈述径行判决。"

正如上面所论述的，当时普通民众文化水平较低，法律知识浅薄，对于附带民事诉讼的规定及其意义认识并不充足，在日常司法实践中较少能够在刑事案件中提出附带民事诉讼，合法权益难以得到全面的保障。补充办法针对上述问题，在第50条中明确规定："因犯罪而受损害之人，未以书状或言辞提起附带民事诉讼者，除明白表示抛弃赔偿请求权外，法院应询问其是否以附带民事诉讼请求赔偿，记明笔录。"南京国民政府以法律的方式，赋予实验法院相关职权，使得法院在诉讼中可以依法向案件当事人询问是否提起附带民事诉讼，要求赔偿，这不仅符合当时的实际情况，确保当事人的合法权益，而且也可避免事后当事人对此再提起诉讼，减少不必要的讼累。

南京国民政府认为当时施行的民事诉讼法与刑事诉讼法程序冗杂，未合国情之处甚多。该补充办法颁布的目的便是改进诉讼程序，减轻民众讼累。但只是对之前司法实践中存在的问题进行解决，其实效如何？补充办法在实践中又会产生哪些新问题？这些都不得而知。基于上述问题，南京国民政府在该补充办法中增设了一条兜底性条款，规定实验法院在司法实践中如遇到上述补充办法未能处理的事项，可以随时呈请修正，从而对其不断完善，为之后在全国范围内推广奠定基础。

3. 注重司法官职业伦理建设

在璧山实验地方法院的司法实践过程中，司法行政部针对"员警积弊深重"的问题，沿用了传统司法制度的精华部分。司法行政部先后采取了一系列的改革措施，对法院职员提出了各种要求，加强其职业伦理建设，以期能够改善司法现状，解决积弊。

其一，大力提倡新生活运动。为彻底革除各种陋习，璧山实验地方法院在日常生活中严格要求，主张新生活运动。比如璧山实验地方法院在1943年施政方案中要求该院职员在日常生活中践行新生活运动，革除不良习俗，培育良好的行为规范。

> 本院一本此旨，关于纪律方面以革新生活，涤除陋习始，其推行方法以：（1）积极的以由院长、首席检察官于国父纪念周及学术研究会根据总裁语录国民精神总动员纲领及陈立夫先生在中央日报发表的《新生活的四种工夫》，冯友兰先生所著的《新世训》详为讲解，积极的增进员工道德观念，并每星期六集会座谈清唱，星期日团体旅行，以收束其身心，增强其体力。（2）消极的关于消耗金钱，如聚餐、博弈、饮酒，均竭力避免或禁止。（3）规定作息表，按时摇铃作息以养成善良习惯。[1]

---

[1]《璧山实验地方法院1943年度施政方案工作计划及实施概况》，重庆市璧山区档案馆馆藏民国档案，档案号：12-1-970。

其二，加强社会各界对法院职员的监督。璧山实验地方法院在司法实践期间还向当事人印发诉讼须知，凡诉讼当事人到院，一律由该院发给以简明诉讼须知，使其明了收受送达及报到领物之手续，并说明本院应征之费用种类，并会发给正式收据以作凭证，无收据者当事人可以一概拒绝支付。[1] 在此之前，诉讼当事人到院受审时，需对法院司法人员有所馈赠，而某些司法人员更是借此时机向诉讼当事人索取财物。此种陋习存续已久，且积重难返，不仅贻害诉讼当事人，而且对法院威信影响严重。璧山实验地方法院为矫正这些弊端，制作诉讼人报到规则，张贴于法院各办公室门口，并于诉讼人休息室张贴休息规则以引起诉讼人之注意。同时于诉讼人报到处加派书记官 1 人，综理其事，仍由负责各员随时监督巡查，以期能够将上述陋习彻底革除。[2]

其三，严禁司法人员帮办和勒索财物。"法院员警对于奉派职务，雇用他人代为办理，俗称此项人员为帮办或'二排'，原由清末县署额外白役蜕化而来，因此种人员既无薪给，自难不向当事人任意需索，本院欲除此弊严饬所以文件，均须员警亲自送达，不许雇人代替，如有违反一经查明，即行查处。"[3] 并且厉行考勤，璧山实验地方法院人数不多，各有专司，1 人请假，牵动全局。为引起全体注意，凡请假在 7 日以上者，一

---

〔1〕《璧山实验地方法院一年来总述》，重庆市璧山区档案馆馆藏民国档案，档案号：12-1-996。

〔2〕《璧山实验地方法院关于造报 1943 年 1 至 4 月份工作报告上司法行政部的呈》，重庆市璧山区档案馆馆藏民国档案，档案号：12-1-1010。

〔3〕《璧山实验地方法院一年来总述》，重庆市璧山区档案馆馆藏民国档案，档案号：12-1-996。

律专案呈部备案,并立专簿登记。迟到、早退、请假、旷工均一一记入,并将其作为考核的依据。[1] 璧山实验地方法院根据其考核的结果予以奖惩,采法治,不采人治,所以拟办一事必先集议决定办法,按计划实施。

4. 以民为本,便利诉讼当事人

民本主义思想的主要内容是以民为本,要求统治者"为政以德",注重保护民众的利益。民本思想发端于西周初期,后经春秋战国时期的发展,成为儒家学说的重要内容之一,并最终被吸收成为我国封建法律思想的重要组成部分,从而对中国古代司法审判制度产生了重大影响。比如在民本思想的影响下,"慎罚""司法中正"等司法原则出现。这些司法原则在一定程度上维护了民众的合法利益,有助于减少冤案的发生、保障司法的公正。在璧山实验地方法院存续期间,该法院继承了民本思想的核心内容,先后采取了一系列举措来保障民众的合法利益。

(1) 设置申告铃和密告箱

在我国古代曾设置登闻鼓、肺石等,使得无处申冤之人可以直接向有关部门或者官员申诉,避免不法官吏的阻扰,保障民众的合法权益。璧山实验地方法院汲取了传统司法制度的上述做法,在第一任院长孙希衍的带领下对院内事务进行大刀阔斧的改革,分别在法院设立了申告铃和密告箱。

其一,完善申告铃制度。璧山实验地方法院在院长孙希衍的领导下,制定了《璧山实验地方法院检察处申告铃使用规

---

[1] 《璧山县政府1943年会议记录》,重庆市璧山区档案馆馆藏民国档案,档案号:12-1-951。

则》。因为当时的检察官在法院内部办公,当事人若想向检察官控告他人必须进入法院内部,但是个别司法警察却从中阻挠,使得民众诉权受到侵犯。"刑事之告诉、告发及自首本可以言辞向检察官为之,然检察官系在院内办公,与院外之刑事告诉或告发人两相隔阂,故以前司法行政部曾通令各地院检察处于门前设置申告铃以备人民随时按铃申告,但各法院试办者极少,今本院检察庭为便利人民计乃于门前装设申告铃。"[1] 故而,璧山实验地方法院将申告铃放置于大门旁边,法院值班警察负责看管并指导民众使用,防止阻扰民众使用申告铃申诉的事情发生。另外,法院职员也身负促进申告铃有效实施的责任,比如《璧山实验地方法院检察处申告铃使用规则》第 4 条规定:"值日检察官一闻铃声,应立即率同书记官讯问按铃人,并依法制作笔录。值日司法警察一闻铃声亦应报请值日检察官核办。"根据前引四川璧山实验地方法院检察处设置申告铃以来受理按铃申告案件各月份罪名比较表可知,申告铃设置以来,处理最多的是伤害案件,共计有 107 例;其次是窃盗案件,有 12 例;再次是妨害自由案件,有 10 例;其他如杀人、妨害婚姻与家庭、侵占、遗弃、妨害风俗、妨害公务、赃物、抢夺、妨害兵役、毁损、诈欺等罪名也都有过相关记载。随着申告铃制度的完善,大量案件得到迅速解决,极大降低了诉讼当事人的诉讼成本,维护了其合法权益。

其二,设立密告箱制度。璧山实验地方法院根据现实需要,在法院大门旁设立密告箱,"根据本院检察官为便利人民,秘密

---

[1] 《璧山实验地方法院第一次工作报告》,重庆市璧山区档案馆馆藏民国档案,档案号:12-1-1121。

举发犯罪起见,并于本院门前设置密告箱,一个凡欲密告者不拘何时,均可提出密告书状投入密告箱"。除此之外,该法院还制定了《璧山实验地方法院检察处密告箱使用办法》,明确规定密告书信不仅要注明被告人之姓名、性别、年龄、职业、住址或其他足资辨别的特征、犯罪事实以及证据,也要写明自己的姓名、性别、年龄、职业以及住址。另外,对于密告人的相关信息,除非必要不得向外界透露,讯问密告人也应以秘密方式进行,对于滥用权利诬告他人者以诬告罪论处。上述做法,有利于加强社会公众对政府公务员的监督,同时写明密告人相关信息的做法也可避免他人滥用诉权。

(2) 扩大自诉的受案范围

中国传统司法制度也曾赋予百姓部分诉权,以此来保障他们的合法利益。比如宋朝法律就扩大了民众的诉权,当事人的民事权利受到侵害时,即便是亲属之间的纠纷也可以诉诸官府,不受"同居相为隐"规则的限制。但是,宋律也对此进行了相关限制,比如诉讼主体必须与该案件具有利害关系,诉讼行为必须在诉讼法定期间之内进行等。及至近代,民众的诉权更趋扩大,百姓不仅在民事方面,而且在部分刑事案件中也拥有诉权。

1935年《刑事诉讼法》规定能够提起自诉的人须有行为能力,且直系亲属或配偶不得提起自诉,自诉范围较窄。为了达到简化诉讼程序、便利当事人的目的,南京国民政府在颁布的《实验地方法院办理民刑诉讼补充办法》中明确将自诉的范围予以扩大化,比如第37条规定犯罪被害人及其他得为告诉之人,均得提起自诉,并没有相关的限制。另外,在第38条中规定犯罪事实之一部提起自诉者,他人虽不得提起自诉，以得提起自诉论，但不得提起自诉部分系属重罪或其第一审属于高等法院管辖者，不在此限制范围内。该条将适用自诉案件种类予以明确化，即除重罪或一审属于高等法院管辖者外，根据自诉不可分原则，犯罪事实一部起诉者，他人虽不得自诉，亦以提起自诉论。扩大自诉范围是为了方便自诉人，并节约司法资源。"扩张自诉，依补充办法第三十七条、第三十八条规定除案件一部分之管辖属于高等法院外，凡犯罪之被害人均得提起自诉，因之本院每月院检双方所受理之案件，得自诉或应移交自诉者达百分之九十以上，如果推行其他法院，结果或亦相等，是扩张自诉范围，可以缩短诉讼程序，节省人力物力，自无容疑。"[1] 根据《实验地方法院办理民刑诉讼补充办法》的规定，法律给予自诉人相当大的便利，制定了相关措施防止滥诉现象的发生，比如第44条规定："承办自诉案件之推事发现自诉人确系故意诬告而未经被告提起反诉者应移送检察官侦查。"并且，提起自诉可以言辞为之（参见补充办法第39条），辩论终结前可以撤回自诉（参见补充办法第40条）及自诉人被告无故不出庭，法院可以将其分别视为撤回自诉，或于相当限度内径行判决，并且可以将有诬告嫌疑的自诉人移送有关机关进行侦查等（参见补充办法第41条至第45条）。璧山实验地方法院期望一方面有助于案件的迅速审结和当事人权利的保障，一方面借以减少滥诉行为的发生。[2]

---

〔1〕《璧山实验地方法院1943年度施政方案工作计划及实施概况》，重庆市璧山区档案馆馆藏民国档案，档案号：12-1-970。
〔2〕《璧山实验地方法院1943年度施政方案工作计划及实施概况》，重庆市璧山区档案馆馆藏民国档案，档案号：12-1-970。

(3) 关注监狱囚犯的健康状况

在古代，由于受科学水平和观念意识的影响，监狱环境状况较差，卫生条件堪忧，尤其是在气候炎热之时很容易导致疾病的滋生和传染。在唐朝时期，相关法律对此便有明文规定，给予患者相应照看。五代时期，开始给病囚设置专门的医院，与之有关的医疗费用均由政府开支，"今后或有系囚染疾者，并令逐处军医看候，于公廨钱内量支药价，或事辄轻者，仍许家人看候"[1]。

南京国民政府成立之后继承了上述做法，对此也较为重视，先后采取了一些措施。司法行政部专门发布相关训令，命令各个监所呈报人犯一览表、羁押实在人数及疾病人数表等，并严令各部门一面切实疏通监狱和看守所，注重卫生条件，一面将给养及卫生医治条件注意改善，以重狱政，[2]以期能够保障监狱囚犯的身体健康。基于此，璧山实验地方法院先后向其监狱机构发布了《监所人犯医治注意事项》和《监所卫生注意事项》，对监狱囚犯的医疗卫生作出了较为详细的要求。《监所人犯医治注意事项》要求各监所应聘请医生或当地医院医师兼任，每日必须到监狱内问诊，如果遇有囚犯患急症，也应随时能够予以诊治；诊断问方后，应立时验药煎服，如系西药诊治，亦应立即配药照服，不得延缓；各监所应设置相关病室，将患病囚犯与普通人犯隔离，避免感染；患病囚犯饮食用具及衣被、痰盂、便器等项，须消毒后方得给予他人使用；等等。而《监

---

[1] 《旧五代史》卷一四七《刑法志》。
[2] 《四川高等法院关于依法疏通监犯并注意改善给养给璧山地方法院的训令》，重庆市璧山区档案馆馆藏民国档案，档案号：12-1-1005。

所卫生注意事项》则从饮食、运动、清洁、消毒等方面分别进行了专门要求，以预防监狱疾病的发生。监狱囚犯每日两餐，每餐应规定分量，发给煮熟干饭不得减削，并应当用新鲜菜蔬不得专以腌菜干菜为佐食品，饮水应煮沸，不得饮用生水；每日放风时间段内，要求各囚犯在运动场集合运动，至少半小时；夏季隔一日，秋季隔三日，春冬两季隔七日，令人犯轮流沐浴；人犯饮食用具，须用热水洗涤，住所及伙房、厕所，应当撒石灰消毒；注意监狱内部及其附近地区蚊虫的灭杀工作，防止传染等。[1]

（4）强调办案时限

为防止案件久拖不决，我国传统司法制度规定了相应的办案期限。比如宋律对各个司法机关的办案时限分别进行了规定，"复制听狱之限，大事四十日，中事二十日，小事十日，不须逮捕而易决者，毋过三日"。"凡大理寺决天下案牍，大事限二十五日，中事二十日，小事十日。审刑院详覆，大事十五日，中事十日，小事五日。"[2] 对于超过时限要求的官员，也应承担一定的法律责任。

南京国民政府成立以来，统治者在进行司法改革的过程中也较为注重审限规则的制定。抗战全面爆发后，如何快速处理社会纠纷保障抗战成为当时国民政府面临的难题。基于上述问题，国民政府在璧山实验地方法院存续期间，对办案期限进行了修改，使其更加完善。在审限规则下，璧山实验地方法院所

---

[1]《璧山实验地方法院关于转发监所卫生及医治注意事项给璧山实验地方法院看守所的训令》，重庆市璧山区档案馆馆藏民国档案，档案号：12-1-1005。
[2]《宋史》卷一九九《刑法一》。

有人员都必须严格按照时限要求办事,"查刑事案件不起诉处分书之送达,自书记官接受原本之日起不得逾五日。裁判应制作裁判书者,为裁判之推事,应于裁判宣示后三日内对原本交付于书记官。裁判应送达者,书记官自接受原本之日起不得逾七日。又民事案件裁判原本应自宣示之日起于五日内交付书记官。书记官送达正本自接受原本之日起不得逾十日。现行民刑诉讼法均有明文规定,虽为训示性质,本院从不违背,所以期程序尽量迅速也"[1]。又如司法助理员送达文件时应该随收随办,"须于送达完毕后即时将回证缴还原办书记官。送达之文件如系传票,应于审期前送到,并应注意就审期间回证亦应于审期前缴送,不得延误"[2],"本院处理案件力求迅速稳妥,对于刑事案件,是否逾越审限,定为考核推检标准之一,每一刑事案件终结后,均将经过期间,依照审限规则款填载于卷面背面审限表内,送呈长官核阅,一年以来并无逾越期间者"。对于逾期之行为,予以一定的处罚。

二、近代的发展

南京国民政府在近代化的司法改革过程中继承了传统优秀司法文化,同时也十分注意引进西方先进的司法制度,西方大量的法律观念和司法原则被吸收和借鉴。南京国民政府在此次璧山实验地方法院的改革过程中,引进西方先进的司法制度,完善了法院的组织架构,大力推行公证制度和缓起诉制度,对

---

[1] 《璧山实验地方法院一年来总述》,重庆市璧山区档案馆馆藏民国档案,档案号:12-1-996。
[2] 《璧山实验地方法院司法助理员服务规则》,重庆市璧山区档案馆馆藏民国档案,档案号:12-1-1121。

中国法律制度的近代化转型作出了积极贡献。

1. 完善法院组织架构

在中国传统司法制度中，司法权并不独立，各县的司法实务经常由地方官兼管，另外再设置几位属吏予以辅佐，机构设置较为简单。清末修律之后，政府方才颁布了法院编制法，地方司法独立具备了法律依据，法院的组织架构开始逐渐建立。但是，因为司法改革尚处于起步阶段，现代化的司法人才十分匮乏，故而法院组织体系的构建并不十分完备。民国肇建，在县公署内设立审检所，设置帮审员1至3人，负责该县初审案件的审理工作；关于检察事务，则是由县知事主管。南京国民政府成立之后，于1936年颁布县司法处组织条例，在县政府内设立县司法处。审判官独立行使审判权，而检察事务和行政事务则是交由县长兼管。从中可以看出，受限于当时的社会环境，司法机构设置十分简单，而且基层的司法权并不完全独立，地方的长官对司法事务依然有一定的影响力。

针对上述问题，南京国民政府对璧山实验地方法院的组织框架进行了改革和完善，使其更加趋于合理，以期能够为后来在全国范围内推广积累经验。璧山实验地方法院主要分为两个部分，分别由法院院长和首席检察官予以领导，他们两者之间互不统属。院长主要负责法院内部的司法行政事务和审判工作，并兼管检察处的财政经费；首席检察官则负责检察处的案件侦查、公诉工作。

其中，在院长之下分别设立了民刑事法庭、民事执行处、公证处、书记室、会计室等，这些机构分别由推事、书记官长、会计员等负责。法院推事负责民刑事法庭、民事执行处、公证处的事务；书记官长则是按照院长命令，与书记官、录事等处理法院的行政事务；会计员根据国民政府主计处和法院长官的命令，办理该院每年的审计事务。除此之外，还分别设有统计员、人事专员、特约通洋员、司法助理员等职位，由他们来负责法院的统计、人事管理、涉外案件以及送达诉讼文件和拘提搜查逮捕等各项事宜。

另外，璧山实验地方法院在首席检察官之下设立了检察官和主任书记官，并设立了相应数额的录事和检查员。首席检察官主要负责总理该院的检察事务；检察官在首席检察官的指挥下侦查公诉案件以及其他案件；主任书记官则主要辅助首席检察官办理检察行政事务；录事负责案件的缮写工作；检查员则受法院推事、检察官的督促检验被害人尸体和伤痕。

2. 大力推行公证制度

公证制度是切实保障民众权益、减少诉讼的良好制度。该制度是在清末民初时期从西方引入中国的，但是并未在全国范围内普遍推行。1936年2月，南京国民政府司法行政部制定了相关的公证制度施行细则和公证簿册书表格25种之多，先在首都南京推行，后逐渐推广于全国重要城市。抗战全面爆发后，社会动荡不安，民众之间所产生的法律关系或其他私权事实，尽皆需要明确凭证，以资保障，以减少不必要的诉讼。[1] 并且，当时法律知识尚未普及，在其他证书的记载中经常出现歧义或者用语模糊的问题，当事人之间签名画押，更是未能按照规定程式进行，以致事后争议不断，滋生诉讼。法院遇此情形，采证也十分困难，为保护私权，减少纠纷，在平时已有施行公证制度之必要，加之全面抗战的非常时期，社会经济随时发生

---

[1] 汪楫宝：《民国司法志》，商务印书馆2013年版，第71页。

变化，人民所为之法律行为或其他关于私权事实，极须有明确凭证，以此避免纠纷的发生。所以，南京国民政府大力推行此项制度，实为刻不容缓。针对公证制度的优点，璧山实验地方法院印发的公证须知也曾予以指出，公证是依国家权力证明特定法律行为或其他关于私权事实的制度，其主旨在于保护私权，减少纠纷，减轻民众负担。例如根据相关规定，当事人申请就法律行为做成公证书时，标的价格未满 200 元的，征收 1.5 元；标的价格在 200 元到 500 元之间的，征收 3 元；标的价格在 500 元到 1000 元之间的，征收 5 元；标的价格在 1000 元到 3000 之间的，征收 9 元；标的价格在 3000 元到 6000 之间的，征收 14 元；标的价格在 6000 元到 10000 之间的，征收 19 元；标的价格超过 10000 元的，每超过 1000 元加收 1 元，不满 1000 元的，也按 1000 元计算。[1]

为此，司法行政部专门于 1943 年 3 月 19 日通令各省高等法院，凡各该省尚未成立公证处的各个地方法院，应自本年 7 月 1 日起，分批成立，每 3 个月成立一批，以 2 年为限，届期全国各个地方法院公证处，必须一律成立，并同时注重宣传，务使人民周知公证制度的便利之处。[2] 但在司法实践中，公证制度的推行却是阻碍重重，问题频出。为解决上述问题，司法行政部特拟在各区乡镇坊公所实行调解并大力宣传，向普通民众说明公证暂行规则施行细则、公证费用规则、公证须知，以

---

[1]《四川高等法院关于检发公证费法给璧山地方法院的训令》，重庆市璧山区档案馆馆藏民国档案，档案号：12－1－848。
[2]《璧山县区乡镇场公所 1943 年实行调解与宣传公证说明》，重庆市璧山区档案馆馆藏民国档案，档案号：12－1－848。

及它们的便利之处等事项,[1]提高民众对公证制度的了解程度。

现本部为推进此等事务起见,特拟县区乡镇坊公所实行调解与宣传公证说明,并伙同《公证暂行规则》《公证暂行规则施行细则》《公证费用规则》《前令广东高等法院捡呈之公证须知》等,特咨请各省省政府,大重庆市政府即将说明等下发各县市政府转发各区乡镇访公所,并令饬各访公所嗣后务就即发说明等对实行调解与宣传公证两项切实办理。后以各地民家教育馆为灌输人民各种知识之途径,朝夕演讲,机会甚多,均能于讲演时宣传调解及公证制度之如何便民收效亦大。请各省市政府将上开关于调解及公证文件发由各主管机关转发各民众教育馆,作为演讲资料,以收分途并进之功。[2]

1943年璧山县区的乡镇也颁布了宣传说明,以此扩大公证制度的影响力。此种事项,遇有机会宣传,便进行宣传,不问听众的多寡,也不用拘泥形式,茶余酒后,亲友会谈之间,就可将公证制度防止争讼的功效作为谈话资料,务使在座者能明了公证制度的实际益处,并促使已明了者转向他人宣传。在宣传时要用语得体,力求简明而通俗,如对人民说一切法律行为

---

[1]《司法行政部关于拟具区乡镇公所实行调解与宣传公证说明并抄同公证暂行规则等件致四川省政府的咨》,重庆市璧山区档案馆馆藏民国档案,档案号:12-1-848。

[2]《四川高等法院关于嗣后对调解公证两项务须切实办理及各地区乡镇场所就前项事项应向各司法机关询问解答给璧山地方法院的训令》,重庆市璧山区档案馆馆藏民国档案,档案号:12-1-848。

或其他关于私权之事实，都可以请求公证，例如买卖、抵押、典当、租赁、借贷、收养子女、继承遗产、发现埋藏物等事实，都可以请求法院做成公证书，较易明了。宣传者在宣传时应积极向民众说明公证书的具体含义。

此外，公证处酌量聘用当地有名望的士绅担任劝导员。司法行政部在1943年4月17日发布相关命令，建议各级司法机关在推行不动产登记及公证制度时应注重宣传和劝导。为了使该制度得以顺利推行，司法行政部建议各地设立劝导员，登记人员努力宣传劝导，按其成绩准给劝导人员10%的奖金提成。除此之外，司法行政部规定各级司法机关职员中如果有明了登记，并且熟悉其程序者，只需要不妨碍其职务的进行，自可随意帮同宣传劝导，如其劝导得力应依考绩的规定于考绩时予以奖励。[1] 有名望的士绅在当地尽皆拥有极大的影响力，通过聘请他们来担任公证宣传的劝导员，可以增强公证制度在普通民众之中的影响力，起到事半功倍的良好效果。

另外，鼓励法院在其管辖区域内加强宣传，并向各个法院通报其他地区的先进经验。例如四川高等法院给璧山实验地方法院的训令：

> 案据彭县地方法院呈送本年四月份组长会议记录，内载该院宣传公证办法，以公证处告民众书检送县参议会，托请各参议员到乡间向各乡镇长暨保甲人员宣传公证利益，

---

[1]《四川高等法院关于嗣后办理不动产登记及公证之司法机关凡未设有劝导员者应酌量聘请当地公证士绅担任劝导员给璧山地方法院的训令》，重庆市璧山区档案馆馆藏民国档案，档案号：12-1-848。

并将告民众书张贴乡镇保甲办公处大门又拟于星期或假期日，借福音礼拜堂，由院长推事轮流前往宣传，等语，核查该项宣传办法，尚属妥善可行各院处亟宜仿办使民众各级明瞭公证利益，以利要政之推行，除分令外，合行令仰知照。[1]

四川高等法院向璧山实验地方法院通知了彭县地方法院的宣传办法及经验，希望璧山实验地方法院加以学习，以促进公证制度的推广。

3. 坚持起诉便宜主义

受到报应刑理论的影响，最初在刑事程序理论中司法机关奉行严格的"有罪必诉"的起诉法定主义，即起诉权的行使必须严格依据法律的规定，检察官在起诉问题上没有权利进行处分。首先，在这种原则下，可以最大限度地让犯罪得到应有的惩罚。但是，随着社会和经济的不断发展，犯罪的数量也逐渐增加，出现了许多新的犯罪类型和犯罪手段，日趋增加的犯罪数量与多变的犯罪形式使有限的司法资源不堪重负。其次，起诉法定主义观念使得轻微的刑事犯罪也必然会受到刑罚制裁，对轻微刑事犯罪一律施以自由刑或财产刑反而会不利于对犯罪者的改造。"起诉法定主义完全不考虑个案具体情况，有流于苛察而有失刑事司法具体正义之虞；凡是具备起诉条件的都必须起诉，势必会影响刑事诉讼的总体效率，造成司法资源的

---

[1]《四川高等法院关于饬知彭县地方法院办理宣传公证办法给璧山地方法院的训令》，重庆市璧山区档案馆馆藏民国档案，档案号：12-1-848。

浪费。"[1]

在这种形势下，起诉法定主义遇到了挑战，起诉便宜主义理论随之兴起。起诉便宜主义是指基于程序经济原则及刑事追诉之权衡，赋予检察官某种程度的裁量权，使其对于某些虽具备起诉要件之刑事案件，本其职权加以权衡，而放弃追诉或为不起诉处分。[2] 抗战大后方的重庆当时面临着战乱、司法经费短缺、司法人员不足等一系列困境，各类案件的数量不断增加，案件积压严重，提高司法效率是建立璧山实验地方法院的重要目标之一。

基于上述原因，《实验地方法院办理民刑诉讼补充办法》第25条至第36条均对缓起诉制度作出了细致规定。对于轻微的刑事案件，检察官认为给予缓起诉处分适当的话，可处以期限为一年以下的缓起诉处罚，并可以命令被告向当事人道歉、立悔过书或者支付抚慰金等。受缓起诉处分者在缓起诉期内被保护管束[3]，若受缓起诉处分者在缓起诉期内出现故意犯罪、有应赔偿的损害而不履行或其他违反保护管束规则的情形的，检察官可以撤销缓起诉处分，随时对其予以起诉。

实行缓起诉制度，可以对案件的不同情况进行不同处置，将大量的轻微案件拦截在审判程序之前，以达到分流的目的，如此设置既缩短了案件处理的时间，又降低了诉讼成本，使诉讼资源得以合理配置，减轻了法院负担和当事人的诉累。此外，对犯罪轻微的犯罪人适用缓起诉制度，可以给犯罪人一次机会，

---

[1] 宋英辉：《刑事诉讼原理》，法律出版社2003年版，第282页。
[2] 林山田：《论刑事程序原则》，《政大法学评论》1999年第3期，第38页。
[3] 保护管束，又称保护观察，是保安处分的一种，是对危害性较小的犯罪人所采取的监督保护措施。

感化、警醒犯罪人，有利于犯罪人回归社会，降低再次犯罪的可能性，有利于社会的和谐稳定。缓起诉制度的实施，使司法机关在有限的司法资源和无限的诉讼维权中找到了平衡点。自璧山实验地方法院施行缓起诉制度以来，检察官对于无确凿证据或案件情节轻微者，绝不轻言起诉，依法将符合法律规定的案件予以缓起诉处分，案件积压问题得到有效缓解。自1942年5月施行缓起诉制度以来，至1943年4月30日，对缓起诉处分申请再议案件占总数的12%，成效颇著。[1]

4. 充分发挥律师的积极作用

由于受儒家"无讼"思想的影响，在中国传统司法制度中，息讼、止讼成为司法者所追求的目标。为此，中国古代的官员们采取了多项措施来禁止诉讼，而帮助人们代理诉讼案件的讼师也成为人们所鄙弃的对象，并被人们称之为"讼棍"，也为官府所严惩。因为在古人眼中，兴讼是道德败坏的表现，而鼓励和代理民众参与诉讼的讼师更是社会稳定的威胁。"盖讼者，凶事也，熟习此道，则变诈百出，翻乱是非，使无辜者受冤，有罪者漏网，官长受其欺瞒，黎庶遭其陷害，种种弊端，难以枚举。"[2] 受这些因素的影响，虽然经过清末民初的发展，律师在当时的中国依然颇受限制，导致律师制度不合理，极大地制约了律师们在整个社会进步中发挥的作用。[3]

---

[1]《璧山实验地方法院关于选报1943年1至4月份工作报告上司法行政部的呈》，重庆市璧山区档案馆藏民国档案，档案号：12-1-1010。
[2][清]深山居士：《暗室灯》下卷《刁讼鉴》，转引自龚汝富：《明清讼学研究》，商务印书馆2008年版，第212页。
[3] 侯欣一：《民国晚期西安地区律师制度研究》，《中外法学》2004年第4期，第471页。

在近代，由于司法改革起步较晚、司法人才匮乏等问题，使得司法体制的转型困难重重。因为法院人员有限，且限于所处的位置，力有不逮，可能对司法实践中的某些问题缺乏足够的认知。璧山实验地方法院院长李祖庆主张要重视律师在司法体制改革中的作用，鼓励律师针对司法实践中遇到的问题提出建议，以此帮助实验法规的健全和推行。

今天同首席特请诸位征求对于实验法规之意见，希望诸位对于法规实行上发表具体之意见。本院固负有推行新制的责任，诸位亦有辅助推行新使命的义务，因为诉讼法为三方面法律关系，律师占在当事人代理者的立场，其在法律上关系为如何？不言可知。所以本院推行新制，如不得律师界相助为理，则所得结果必不正确。本院近两月来办事方针，想各位都已经明了，一方面积极的革除已往法院敷衍因循及潦草速断的缺点，一方面积极的制定办事执范，循序进行。盖有法治固必须有治人，但有治人仍须有治法，否则因人成事，则只能收效于一时，而不能求久普遍，但兹事体大，非本人与首席二人所能单独担负；希望各位各本固有义务，就客观所得，平情论断，共策进行。[1]

因此，璧山实验地方法院在日常研讨会中邀请有关律师代表列席，并就司法实践中的有关问题向其寻求建议。例如段某

---

[1]《璧山实验地方法院征求对于实验法规适用上之意见座谈会记录》，重庆市璧山区档案馆馆藏民国档案，档案号：12-1-1038。

思律师主张，如果上诉中的某些程序不符合法律规定，可以改由原审法院驳回最为适当，这样可以避免时间的浪费；自诉案件调查证据时，该案件的主办法官虽然可以依职权调查证据，但仍应准律师出庭参加。[1] 律师的上述建议对于清理司法积弊、推动司法制度改革具有重要的推动作用。

---

[1] 《璧山实验地方法院征求对于实验法规适用上之意见座谈会记录》，重庆市璧山区档案馆馆藏民国档案，档案号：12-1-1038。

结　语

　　自鸦片战争之后，闭关自守的清政府在西方列强的坚船利炮之下被迫打开国门，西方的资金、技术以及思想文化随之传入中国，由此开启了艰难的近代化转型。由于社会政治经济的发展变化、西方先进法学理论的不断传入，当时社会关于法制变革的呼声愈演愈烈。因而从20世纪初，中国自上而下掀起了一场法制革新运动，开始引入西方先进的法律思想和制度。南京国民政府成立之后，继承了清末修律以来的法制改革成果，并以此为基础进一步深化改革。南京国民政府在司法改革过程中，不仅注意引进西方先进的法制成果，而且更加注重汲取中国传统法制文化中的有益成分，璧山实验地方法院便是其中的典型代表。

　　南京国民政府以《实验地方法院办理民刑诉讼补充办法》为依据，对璧山实验地方法院进行了一系列改革。一方面，南京国民政府从实际国情出发，继承了中国传统法制文化中的有益成分，例如大力推行调解制度、扩大法官职权、加强司法官职业伦理建设以及便利诉讼当事人。另一方面，南京国民政府则十分注重引进西方先进的法律思想，例如完善现代化法院的组织架构、推行公证制度、坚持起诉便宜主义等，以此推动司法体系的现代化转型。在此次基层司法改革过程中，璧山实验地方法院不仅继承了中国本土法制文化中的积极方面，而且还汲取了西方先进的法律制度，做到了本土化与世界化的统一。这些改革举措，在保障当事人合法权益、提高诉讼效率等方面发挥了巨大作用，更成为近代司法改革过程中的典型代表，为当今社会司法体制改革提供了重要参考和借鉴。

参考文献

（一）著作类

黄敦汉编：《各级法院司法行政实务类编》，商务印书馆1934年版。

陈德谦：《现代分类公文程式大全》，大华书局1935年版。

钱端升等：《民国政制史》（上册），商务印书馆1939年版。

居正、张知本等：《抗战与司法》，独立出版社1939年版。

吴学义：《民事诉讼要论》，正中书局1942年版。

李光夏编：《法院组织法论》，上海大东书局1947年版。

展恒举：《中国近代法制史》，台湾商务印书馆1971年版。

徐朝阳：《中国诉讼法溯源》，台湾商务印书馆1973年版。

故宫博物院明清档案部编：《清末筹备立宪档案史料》（上册），中华书局1979年版。

戴炎辉：《中国法制史》，三民书局1979年版。

陈朴生：《刑事诉讼法实务》，海天印刷厂有限公司1981年版。

廖与人：《中华民国现行司法制度》，黎明文化事业公司1982年版。

潘维和：《中国历次民律草案校释》，台湾汉林出版社1982年版。

陈光中：《外国刑事诉讼程序比较研究》，法律出版社1988版。

湖北省司法行政史志编纂委员会：《清末民国司法行政史料辑要》，湖北省司法厅司法志编辑室1988年版。

陈槛波：《中华民国春秋》，三民书局1989年版。

中国人民政治协商会议福建省委员会文史资料编辑室编：《福建文史资料》（第21辑），福建人民出版社1989年版。

杨建华：《大陆民事诉讼法比较与评论》，三民书局1991年版。

曾宪义：《检察制度史略》，中国检察出版社1992年版。

徐矛：《中华民国政制制度史》，上海人民出版社1992年版。

陈旭麓：《近代中国的新陈代谢》，上海人民出版社1992年版。

余明侠：《中华民国法制史》，中国矿业大学出版社1994年版。

张培田：《中西近代法律文化冲突》，中国广播电视出版社1994年版。

陈计男：《民事诉讼法论》，三民书局有限公司1994年版。

刘家兴：《民事诉讼法学教程》，北京大学出版社1994年版。

中国抗日战争史学会、中国人民抗日战争纪念馆编：《抗日战争时期重要资料统计集》，北京出版社1995年版。

四川省璧山县志编纂委员会编纂：《璧山县志》，四川人民出版社1996年版。

李光灿、张国华总主编：《中国法律思想通史》（第4卷），山西人民出版社1996年版。

夏锦文：《社会变迁与法律发展》，南京师范大学出版社1997年版。

陈瑞华：《二十世纪的中国刑事诉讼法学》，北京大学出版社1998年版。

张晋藩、朱勇主编：《中国法制通史》（第九卷），法律出版社1999年版。

李贵连：《沈家本传》，法律出版社2000年版。

肖建国：《民事诉讼程序价值论》，中国人民大学出版社2000年版。

谢振民：《中华民国立法史》（下册），中国政法大学出版社2000年版。

陈金全主编：《中国法律思想史》，法律出版社2001年版。

高绍先：《中国刑法史精要》，法律出版社2001年版。

张世功：《调解、法制与现代性：中国调解制度研究》，中国法制出版社2001年版。

李贵连：《近代中国法制与法学》，北京大学出版社2002年版。

许永强：《刑事法治视野中的被害人》，中国检察出版社2003年版。

夏新华：《近代中国宪政历程：史料荟萃》，中国政法大学出版社 2004 年版。

张晋藩：《中国司法制度史》，人民法院出版社 2004 年版。

李启成：《晚清各级审判厅研究》，北京大学出版社 2004 年版。

李春雷：《中国近代刑事诉讼制度变革研究（1895—1928）》，北京大学出版社 2004 年版。

彭剑鸣：《中国自诉制度研究》，中国三峡出版社 2004 年版。

李梦生：《左传译注》（下），上海古籍出版社 2004 年版。

何勤华、李秀清主编：《民国法学论文精粹·诉讼法律篇》，法律出版社 2004 年版。

张国镛主编：《中国抗战重庆陪都史专题研究》，四川人民出版社 2005 年版。

吴永明：《理念、制度与实践——中国司法现代化变革研究（1912—1928）》，法律出版社 2005 年版。

四川省档案馆编：《抗日战争时期四川省各类情况统计》，西南交通大学出版社 2005 年版。

夏勤：《刑事诉讼法释疑》（第六版），任超、黄敏勘校，中国方正出版社 2005 年版。

朱汉国：《中华民国史》，四川人民出版社 2006 年版。

赵金康：《南京国民政府法制理论设计及其运作》，人民出版社 2006 年版。

郭成伟：《清末民初刑诉法典化研究》，中国人民公安大学出版社 2006 年版。

郑大华：《民国思想史论》，社会科学文献出版社 2006 年版。

广东省社会科学院历史研究室编：《孙中山全集》，中华书局 2006 年版。

樊崇义：《迈向理性刑事诉讼法学》，人民公安大学出版社 2006 年版。

陈珣：《从省党部特派员到典狱长》，中国文史出版社 2007 版。

沈国琴：《中国传统司法的现代转型》，中国政法大学出版社 2007 年版。

闵钐：《中国检察史资料选编》，中国检察出版社 2008 年版。

樊崇义：《刑事诉讼法学》，法律出版社 2009 年版。

陈刚：《中国民事诉讼法制百年进程》，中国法制出版社 2009 年版。

张晋藩：《中国法律的传统与近代转型》，法律出版社 2009 年版。

怀效锋：《清末法制变革史料》（上卷），中国政法大学出版社 2009 年版。

傅宽芝：《刑事诉讼主体公权与私权》，社会科学文献出版社 2010 年版。

上海商务印书馆编译所编纂：《大清新法令（1901—1911）》（第一卷），李秀清等点校，商务印书馆 2010 年版。

蒋秋明：《南京国民政府审判制度研究》，光明日报出版社 2011 年版。

沈家本：《历代刑法考》（上册），商务印书馆 2011 年版。

最高法院检察署编：《非常上诉理由及判决要旨第十八辑序》，最高法院检察署（台北）2012 年版。

汪楫宝：《民国司法志》，商务印书馆 2013 年版。

顾长声：《传教士与近代中国》，上海人民出版社 2013 年版。

李贵连：《法治是什么：从贵族法治到民主法治》，广西师范大学出版社 2013 年版。

公丕祥：《近代中国的司法发展》，法律出版社 2014 年版。

吴卫军、肖仕卫：《刑事自诉制度研究——基于文本与实证的双重分析》，中国政法大学出版社 2014 年版。

《孙中山全集》，人民出版社 2015 年版。

朱寿朋：《光绪朝东华录》（第五册），中华书局 2016 年版。

陈欣宇等：《中国近代法律史讲义》，九州出版社 2016 年版。

贾宇：《人权论衡》，中国民主法制出版社 2016 年版。

侯欣一：《创制、运行及差异——民国时期西安地方法院研究》，商务印书馆 2017 年版。

管晓立：《清末民国时期中国法学教育的近代化研究》，中国政法大学出版社 2018 年版。

吴小帅：《刑事自诉圈重构论》，法律出版社 2018 年版。

汪受宽、屈直敏：《中华优秀传统文化精要》，甘肃人民出版社 2018 年版。

王宏治：《中国刑法史讲义先秦至清代》，商务印书馆 2019 年版。

（二）期刊论文类

杨轼：《刑事政策论》，《新学海》1920 年第 1 期。

王洗凡：《刑事诉讼条例意见》，《法律评论》1923 年第 15 期。

周翰：《微罪是应否不检举之商榷》，《法律评论》1924 年第 32 期。

谢光第：《欧战后之德意志新刑事诉讼法修正案》，《法律评论》1924 年第 35 期。

曾有澜：《刑事政策刍议》，《法律评论》1924 年第 39 期。

谢光第：《论起诉便宜主义》，《法律评论》1925 年第 6 期。

谢光第：《赔偿损害、微罪不检举（具体的妥当性论之十）》，《法律评论》1926 年第 42 期。

黎藩：《检察制度存废论》，《法律月刊》1929 年第 5 期。

平午：《刑事自诉制度弊害之一斑》，《法令周刊》1929 年第 9 期。

李浩儒：《司法制度的过去和将来》，《平等杂志》1931 年第 3 期。

吴学义：《诉讼上之和解》，《法律评论》1932 年第 461 期。

玉斯：《论检察制度之存废》，《法治周报》1933 年第 45 期。

居正：《司法党化问题》，《中华法学杂志》1934 年第 10-12 期。

石志泉：《民事调解制度》，《法学专刊》1935 年第 5 期。

吴祥麟：《中国检察制度的改革》，《现代司法》1936 年第 3 期。

李祖虞：《关于自诉及废检之我见》，《法令周刊》1936 年第 303 期。

冯泽昌：《自诉主体论》，《法学杂志（上海 1931）》1937 年第 2 期。

杨兆龙：《由检察制度在各国之发展史论及我国检察制度之存废问题》，

《法学杂志》1937 年第 5 期。

孙晓楼：《我国检察制度之评价》，《法学杂志》1937 年第 5 期。

小野清一郎：《对于中华民国刑事诉讼法意见》，《现代司法》1937 年第 9 期。

陈盛清：《抗战期内的司法》，《东方杂志》1938 年第 8 期。

蒋耀祖：《现行检查制度之回顾与前瞻》，《司法评论》1940 年创刊号。

蒋慰祖：《高等法院以下各级法院首长应如何遴用》，《司法评论》1940 年创刊号。

张烛东：《读告全国司法界同仁书》，《司法评论》1940 年创刊号。

王建今：《缓起诉制度与我国刑法思想》，《司法评论》1941 年第 3 期。

胡松叔：《自诉制度之商榷》，《司法评论》1941 年第 3 期。

王云章：《修正刑事诉讼法第二编自诉章之商榷》，《法制月刊》1941 年第 5 期。

孟长泳：《吾国司法之检讨》，《东方杂志》1943 年第 8 期。

安德：《自诉人上诉权应否限制的商榷》，《震旦法律经济杂志》1946 年第 12 期。

黄苏宇：《关于检察官以不起诉为适当之商榷》，《法令周刊》1947 年第 19 期。

张远谋：《论自诉范围之不宜扩张》，《法律评论（北京）》1948 年第 11 期。

孙长永：《日本的起诉犹豫制度及其借鉴意义》，《中外法学》1992 年第 6 期。

王春、郝银钟：《论起诉法定主义——兼谈起诉便宜主义的可采性》，《法学》1993 年第 9 期。

陈卫东、李宏洪：《论不起诉制度》，《中国法学》1997 年第 1 期。

林山田：《论刑事程序原则》，《政大法学评论》1999 年第 3 期。

钱弘道：《论司法效率》，《中国法学》2002 年第 4 期。

吴泽勇：《动荡与发展：民国时期民事诉讼制度述略》，《现代法学》

2003 年 1 期。

韩秀桃：《民国时期兼理司法制度的内涵及其价值分析》，《安徽大学学报》（哲学社会科学版）2003 年第 5 期。

王春南：《民国司法黑暗管窥》，《人民论坛》2004 年第 12 期。

常智余：《论相对不起诉制度的完善——以暂缓起诉为补充》，《法学杂志》2008 年第 4 期。

谢冬慧：《南京国民政府民事调解制度考论》，《南京社会科学》2009 年第 10 期。

周婧：《封闭与开放的法律系统如何可能？——读卢曼〈法律作为社会系统〉》，《社会学研究》2009 年第 5 期。

蒋秋明：《南京国民政府刑事自诉制度述论》，《南京社会科学》2010 年第 11 期。

龙宗智：《论我国的公诉制度》，《人民检察》2010 年第 19 期。

张雯：《我国刑事自诉制度的改革与完善》，《人民论坛》2010 年第 8 期。

俞亮、张弛：《论我国刑事被害人自诉权的保护与规制》，《法律适用》2011 年第 11 期。

张伟：《抗战大后方刑事审判改革研究》，《河北法学》2013 年第 3 期。

曾代伟：《抗日战争大后方司法改革论纲——以战时首都重庆司法实践为中心的考察》，《现代法学》2013 年第 5 期。

胡铭、张健：《转型与承续：民国时期的刑事和解——基于龙泉司法档案（1929—1949）的考察》，《浙江大学学报》2014 年第 1 期。

刘昕杰：《实验法院：近代中国司法改革的一次地方试点》，《中国法学》2015 年第 5 期。

罗金寿、余洋：《民国时期的调解体系及运作》，《江西师范大学学报》2016 年第 2 期。

蔡可尚：《亲告罪追诉机制的困境与出路》，《法学杂志》2016 年第 10 期。

杜磊：《论检察指令权的实体规制》，《中国法学》2016年第1期。

程骞：《民国难产的司法改革》，《法人》2016年第5期。

侯欣一：《民国时期法院民事调解制度实施状况实证研究》，《华东政法大学学报》2017年第5期。

郭烁：《酌定不起诉制度的再考查》，《中国法学》2018年第3期。

刘志刚、凌婧文：《宽严相济一词的由来与发展》，《中国纪检监察杂志》2019年第17期。

陈卫东：《检察机关适用不起诉权的问题与对策研究》，《中国刑事法杂志》2019年第4期。

童建明：《论不起诉权的合理适用》，《中国刑事法杂志》2019年第4期。

郭烁：《检警关系视野下的不起诉制度》，《苏州大学学报》2019年第5期。

马贵翔、林婧：《刑事被害人当事人化的反思与制度重构》，《河北法学》2020年第1期。

朱卿：《民国刑事诉讼法上的微罪不起诉制度》，《浙江工商大学学报》2020年第2期。

廖永安：《公证制度改革理论探索》，《哈尔滨工业大学学报》2020年第4期。

封安波：《论民国时期不起诉处分的"刑事和解"——基于龙泉司法档案（1935—1949）的考察》，《法治现代化研究》2021年第1期。

刘志伟：《以习近平法治思想为引领构建中国特色刑法学理论体系》，《检察日报》2022年第3版。

（三）学位论文类

沈凌：《公诉与私诉互补性法律制度研究》，南京师范大学硕士学位论文2006年。

彭瑞花：《民国初期的司法改革》，山东大学硕士学位论文2006年。

卞琳：《南京国民政府训政前期立法体制研究（1928—1937）》，华东政法学院博士学位论文 2006 年。

刘玉江：《中国刑事诉讼法制现代化的国民基础重构》，中国政法大学博士学位论文 2006 年。

吴燕：《南京国民政府时期四川基层司法审判的现代转型》，四川大学博士学位论文 2007 年。

赵建蕊：《民国时期的民事调解制度——以〈民事调解法〉为中心》，中国政法大学硕士学位论文 2007 年。

黄小彤：《民国时期民控官的途径与控案处置——以川政统一后的四川基层政权为例》，四川大学博士学位论文 2007 年。

程锐：《近代中国刑事被害人诉讼权利的历史考察》，西南政法大学硕士学位论文 2008 年。

谢冬慧：《南京国民政府时期民事诉讼制度研究》，南京师范大学博士学位论文 2008 年。

杜宝庆：《刑事审判价值论》，重庆大学博士学位论文 2008 年。

房露：《南京国民政府的刑事诉讼制度研究》，山东大学硕士学位论文 2010 年。

曾方：《民国时期民事调解制度探析》，江西财经大学硕士学位论文 2010 年。

罗金寿：《战争与司法——陪都时期重庆的法院及审判》，西南政法大学博士学位论文 2010 年。

刘发海：《刑事自诉制度的规制与完善》，华东政法大学硕士学位论文 2011 年。

宋宏飞：《战时首都重庆的民事审判制度与实践》，西南政法大学博士学位论文 2011 年。

杜旅君：《中国近代检察权的创设与演变》，西南政法大学博士学位论文 2012 年。

罗岚心：《民国时期刑事自诉制度历史探析》，西南政法大学硕士学位论文 2013 年。

张伟：《抗战大后方刑事改革与实践——以战时首都重庆为中心的研究》，西南政法大学博士学位论文 2013 年。

刘兰秋：《刑事不起诉制度研究》，中国政法大学博士学位论文 2016 年。

朱卿：《近代中国刑事审前程序研究》，吉林大学博士学位论文 2017 年。

谢健：《民国时期的基层司法建设与社会治理研究——以四川地区为中心（1927—1949）》，南开大学博士学位论文 2018 年。

孙伟：《居正法治思想研究》，西南政法大学博士学位论文 2018 年。

何雨佳：《璧山实验地方法院司法改革研究》，西南交通大学硕士学位论文 2019 年。

（四）报纸类

吴启明：《重庆实验地方法院在法律上地位之商榷》，《时事新报》1944 年 9 月 14 日。

李守一：《实验法院存废问题》，《时事新报》1944 年 9 月 20 日。

（五）档案类

《璧山实验地方法院档案》，馆藏于重庆市璧山区档案馆。

后　记

　　惶惶之际，本书即将付梓。作为国家社科基金一般项目"抗日战争时期国民政府司法改革试验研究"的研究成果，从立项到结项历时4年，而后出版亦花了一年半的时间，课题组成员们累并快乐着。

　　2010年笔者在攻读法律史专业博士学位时就关注中国法制近代化这个主题，一直在思考传统法制转型中司法会有怎样的调整和变革。借鉴学界既有成果，笔者发现，中华民国成立后，延续着清末以来的司法改革浪潮，在颁行诉讼法典、普设新式法院、规范律师制度、改善监狱设施等方面持续推动中国司法制度的革新。二十世纪三四十年代，日寇侵华，国都内迁，但国民政府在司法领域的改革并未止步，在相对稳定的抗战大后方相继采取了一系列司法改革措施，其中就包括新设以简化诉讼程序、提高诉讼效率为主要目标的璧山实验地方法院，该法院以《实验地方法院办理民刑诉讼补充办法》为依据审理案件，其中力推扩大法官和检察官职权范围、便利当事人诉讼、加速诉讼推进等变革措施。这些举措客观上有利于"抗战建国"，实现了社会效果与法律效果的统一，比如，简化审判程序，提高诉讼效率，以降低司法成本、节约社会资源；推行缓起诉制度，从快从重打击严重犯罪，以维护社会秩序；促使检察官检举犯罪，以维护社会稳定；减少积案，加快案件审理过程，以安抚民心、化解纠纷等。从 1942 年 5 月 1 日到 1945 年 12 月 31 日，实验地方法院历时三年零七个月，宣告结束；嗣后司法行政部根据实验结果，制定了民刑诉讼法的修正案，其中实验地方法院关于扩大法官和检察官职权范围、便利当事人诉讼、加速诉讼推进的主要改革措施基本上都被 1946 年新修订的诉讼法吸收采纳。因此，对这个在近代仅此一次的以地方法院为试点而进行的司法改革进行研究无疑具有较高的学术价值和较深的理论意义。限于能力，撰写博士学位论文《抗战大后方刑事审判改革与实践——以战时首都重庆为中心的研究》时，仅仅以较少篇幅提及了璧山实验地方法院及其改革，未能深入探究，成为笔者心中的遗憾。

候欣一教授的《四十年代重庆实验法院的启迪》（《深圳特区报》，2014 年）和刘昕杰教授的《实验法院：近代中国司法改革的一次地方试点》（《中国法学》，2015 年）刊发后，笔者觉得这个研究方向还能继续深入，于是在 2017 年决定以此为主题申报国家社科基金项目。立项后，笔者数十次前往璧山档案馆，在 2 万余卷司法档案中查找、筛选，个中辛苦不足外表，幸得近三千卷和主题相关的档案。同年，中国博士后科学基金资助项目（2017M622954）和重庆市博士后科研项目特别资助项目（Xm2017168）两个项目立项，解决了档案数字化的经费问题。笔者又在校园内招募了一批志愿者进行条目著录和整理等辅助工作，名单附后以表谢忱（排名不分先后）：文嘉、李睿雪、蒋蔚岭、胡旎璇、刘庆泽、霍歆然、王淼、乔毅、吴卓亭、赵薇、陈丹、王鸿杰、陈雅仪、禹诗烨、邓纯、钟蕊、苏庆、龙艳丽、梁里奥、龙琼、孙玥、罗佳妮、郭俊成、关舒馨、卢明霞、朱滢、姚倩、任秋宇、戴菲、罗燕、曲晓童、关心、彭宇琪、司贝宁、邹璐遥、廖启俊、程自立、谭艳、陆洁、葛琳颖、陈家鹏、张鸿鸽、牟恬怡、周航、仇传奇、江佳丽、余活燕、姜润峰、陆中山、王珂、梅灵婧、张超洋、郭昊、刘凡聪、苏禹臻、朱嘉玺、陈可维、刘化健、贾瑞雪、张一峰、周航、余琦、宋思瑶、韦丹莉、杨隆宇、刘菁、吕竹青、周雨嘉、岳书慧、徐彤、李明凯、刘净文、戴浩斌、刘琴、蔡鑫鑫等。2018年下半年至2019年上半年，笔者又在美国圣路易斯华盛顿大学访学，其间通过网络指导，终有所得。志愿者们的拳拳之心，时常忆起。再次表达感谢。

2020—2021年，虽有疫情肆虐，但笔者推进项目的决心没有受阻。在项目组成员李明凯、刘净文、戴浩斌、刘琴、肖琴、黎雪、史良等人的帮助下，结项报告出炉，并通过了验收。笔者根据专家鉴定意见，对结项报告进行了修改。洋洋洒洒近20万字，舛误之处在所难免，尚祈学界同人和读者不吝教正。

知识产权出版社的庞从容、张琪惠老师对本书的出版给予了极大的支持。她们的敬业精神、专业素养和严谨的工作态度令人叹服。尤其是编辑老师对书稿的审读意见，修正了原稿的错误、弥补了原稿的疏漏，对笔者很有启发和帮助。深表谢意。

感谢西南政法大学行政法学院的支持。

感谢我的父母。

感谢我的妻子吕亮和我的儿子张以定。

感谢所有关心和帮助我的人。

张伟

2022年9月30日于宝圣大道